AF451963

JETONS ET MÉDAILLES

FRANÇAIS

PRIX : 1 FRANC

EN VENTE

Chez J. FLORANGE, Expert en Médailles

21, quai Malaquais, 21

PARIS

—

1895

La conservation des pièces est indiquée scrupuleusement.

Les prix sont nets.

Les envois aux frais des acheteurs et payables à réception en un bon à vue sur Paris ou contre remboursement et, à défaut, par traite avec frais de recouvrement ajoutés au montant de la facture.

Pas de réponse aux demandes d'articles vendus.

———————

Achat de monnaies et médailles de tous pays, tant anciennes que modernes.

Rédaction de catalogues. — Expertises.

Envois à vue aux amateurs qui en font la demande.

JETONS & MÉDAILLES
FRANÇAIS

I

ROIS DE FRANCE

1 Jetons banaux au type de la couronne, à l'agnel, à
l'écusson fleurdelisé, au type du chàtel tournois,
à la tête couronnée de face, à la tête de maure,
au roi, debout ou assis, tenant le sceptre, au roi
debout, tenant l'écu et l'épée, à l'angelot tenant
l'écu, à l'homme sauvage tenant l'écu fleurdelisé,
au monogramme **IbS**, au dauphin, etc.   B. à   o 50

JETONS HISTORIQUES

2 *Henri II*. 1556 à 1558.   B. à   1   »

3 *François II*. S. d. Grand F couronné. R⁄. La Félicité
publique.   B.   3   »

4 — 1560. Grand F couronné entre deux cornes
d'abondance portant les bustes du roi et de Marie
Stuart. R⁄. Allégorie debout.   TB.   15   »

5 *Charles IX*. S. d. 1562 à 1572. Selon la conservation
      o 50 à   1   »

6 *Henri III*. S. d. 1577 à 1588. Selon la conservation
      o 50 à   1   »

7 *Henri IV*. S. d. 1600 à 1609.   B. à   1   »

8 — 1602. Bras armé.   TB.   2   »

9 — 1608. Coin de N. Briot.   B.   1 50

10 — 1610. Ruche d'abeilles et église.   TB.   5   »

11 *Louis XIII.* S. d. 1611 à 1627, 1630 (Siège de Casal), 1632 (Prise d'une ville de Savoie) et 1638 (Naissance du dauphin). Selon la rareté et la conservation   0 50 à 1 »

12 — 1615. Pied de froment. Coin de N. Briot. *TB.*   5 »

13 — Denier à épouser. Æ.   *B.*   3 »

14 *Louis XIV.* S. d. 1643 (Prise de Thionville), 1648 à 1656, 1657 (Prise de Montmédy), 1660 (Son mariage), 1660 (Ile des Faisans), 1661 (Paix des Pyrénées), 1662 (Le grand Dauphin), 1663, 1664 (Entrée du légat Chigi à Paris), 1667, 1670, 1672 (Victoire navale sur les Hollandais), 1673, 1677 (La Flandre subjuguée), 1680, 1692 (Prise de Namur). Selon la rareté et la conservation   0 50 à 1 50

15 — 1660. Mariage du roi (Dugn. 4149). Æ.   *B.*   5 »

16 — 1693. La famille royale.   *FDC.*   8 »

17 — 1700. Tournesol et âne broutant du chardon.   *TB.*   3 »

18 *Louis XV.* 1718. Paix de Passarowitz.   *B.*   1 50

19 — 1725. Son mariage à Fontainebleau. Æ.   *TB.*   6 »

20 *Louis XVI.* S. d. Neptune assis sur une conque. Æ.   *TB.*   3 »

21 — S. d. Buste du roi, à dr. ℞. Monogramme sous une couronne. Coin de Gatteaux. Æ. octog.   *TB.*   6 »

22 — Liberté des mers. Paix de 1783 (Traité de Versailles. Indépendance des Etats-Unis d'Amérique). Coin de Gatteaux. Æ.   *TB.*   20 »

22 *bis.* — Mort du roi et de la reine, 1793. Leurs bustes accolés. ℞. Légende.   *TB.*   10 »

II

FAMILLE ROYALE

23 *Marie de Brabant*, femme de Philippe III. Ecu à trois lis. ℞. Lion dans le champ. Comp. R. et H., pl. VI, n° 49.   *B.*   10 »

23 *bis. Blanche de Navarre*, femme de Philippe VI. *B.*   5   »
24 *Catherine de Médicis*, femme d'Henri II. S. d.
    Flammes et larmes.   *B.*   3   »
25 — 1584. L'Olympe.   *B.*   4   »
25 *bis. Marie Stuart*, femme de François II. Ecu parti
    de France-Ecosse, sous une couronne. ℞. MEA
    SIC MIHI PROSVNT. Cep de vigne ayant, d'un
    côté, une branche avec ses fruits et ses feuilles,
    et, de l'autre, une branche desséchée ; un arro-
    soir sortant des nuages verse de l'eau sur la pre-
    mière. Æ.   *TB.*   65   »
25 *ter.* — .MARIA.D.G.FRANCOR.SCOTOR.RE-
    GINA. Ecu d'Ecosse sous une couronne. ℞.
    VIRESCIT.VVLNERE.VIRTVS. Bras sortant
    des nuages coupant un surgeon desséché d'un
    cep de vigne. Æ. Très rare.   *B.*   45   »
26 *Isabelle d'Autriche*, femme de Charles IX, 1584.*TB.*   18   »
27 *Louise de Lorraine*, femme d'Henri III, 1575. So-
    leil projetant ses rayons sur la mer.   *B.*   12   »
28 — 1576. Deux plumes d'autruche.*B.*   6   » *TB.*   10   »
29 — 1580. Cadran solaire.   *B.*   8   » *TB.*   12   »
30 — 1586. Main sortant des nues et tenant une cou-
    ronne.   *B.*   8   »
31 *Marie de Médicis*, femme d'Henri IV, 1601. Tour-
    nesol.   *B.*   2   »
31 *bis.* — 1626. Quatre couronnes attachées à un plant
    de lis.   *TB.*   4   »
32 *Anne d'Autriche*, femme de Louis XIII. S. d. 1636,
    1641, 1642 et 1655.   *B.* 0 50 à   1   »
32 *bis.* — 1637. Lis fleuri. Æ.   *TB.*   9   »
33 — S. d. avec le buste de Louis XIV.   *B.*   1   »
34 *Marie-Thérèse d'Autriche*, femme de Louis XIV. S.
    d. (au buste de Louis XIV), 1660 (Son entrée à
    Paris), 1664 à 1669, 1672, 1673, 1677 et 1682.
                                         B. 0 50 à   1   »
35 — Petit jeton de mariage à son monogramme (?).
    Æ.   *TB.*   5   »
36 — 1661. Arc-en-ciel. Æ.   *B.*   5   »

37 *Marie-Leszinska*, épouse de Louis XV, 1725. Son
    mariage. Jeton fr. par le comte de Rotenbourg,
    ambassadeur de France à Berlin. Æ.   *TB.*   12 »

38 — 1726. Soleil et astre. Æ.   *TB.*   8 »

39 --- 1752 et 1753. Maison de la reine. Æ.   *TB.* à 0 »

39 *bis. Anne-Marie-Christine de Bavière*, s. d. Plante
    de lis.   *B.*   2 »

40 *Marie-Josèphe de Saxe*. Maison de la dauphine,
    1751 et 1756. Æ.   *TB.* à 5 »

40 *bis. Duc d'Anjou*. ✠ POVR (lis) LE VRAI (lis)
    SAVOIR: (lis). Champ parti de Jérusalem et
    d'Anjou-Sicile. R⃰. Croix fleurdelisée dans un
    quadrilobe. R. et H. 116.   *TB.*   30 »

41 *Louise de Savoie, duchesse de Bourbon*, ép. de Ch.
    d'Orléans, comte d'Angoulême. S. d.   *TB.*   30 =

42 *Isabelle de France*, femme de Philippe II d'Espagne,
    1561. Leurs bustes.   *B.*   3 »

43 *Claude de France*, ép. de Ch. III, duc de Lorraine.
    S. d. Trois alérions percés par une flèche. *B.*   3 50

44 — 1560. Chiffre couronné et écu parti.   *AB.*   1 50

45 — 1563. Ecu parti. R⃰. Bonne-Foi soutenant la
    croix de Lorraine.   *B.*   4 »

46 — 1563. Ecus accolés de Lorraine et de France.
    R⃰. Revers précédent.   *B.*   3 »

47 — 1563. Chiffre couronné et Bonne-Foi.   *B.*   3 50

48 *Marguerite de Valois, reine de Navarre*, femme
    d'Henri de Béarn, 1575. Autel et palmier. *B.*   5 »

49 *François d'Alençon*. S. d. Ecu et Soleil levant. *TB.*   8 »

50 — 1582. Mêmes types.   *B.*   5 »

51 — 1583. Buste et cavalier.   *TB.*   4 »

52 *Henriette-Marie de Bourbon*, ép. de Charles Iᵉʳ d'An-
    gleterre. CH.MAG.ET.HEN.MA.BRIT.REX.
    ET.REG. Leurs bustes en regard. R⃰. FVNDIT.
    AMOR.LiLIA.MIXTA.ROSIS : Amour tenant
    des lis et des roses. Coin de Dupré? Petit mo-
    dule. Æ.   *TB.*   28 »

52 *bis*. --✦HENR.MAR.BORBON.D:G.MAG.BRIT.
    FRAN.ET.HII.REG. Ecu d'Angleterre et de

France sous une couronne. R/. ❀ SVPEREMI-
NET ❀ OMMES ❀. Arbre et arbustes. A l'exer-
gue, 1628. Æ.   *FDC.*   25   »

52 *ter.* — Variété du précédent; à l'exergue, au lieu
   du millésime, les initiales du graveur, N. Briot.
   Æ.   *B.*   20   »

53 *Gaston d'Orléans.* Chambre aux deniers, 1616.   *B.*   3   »
53 *bis.* — 1641. Soleil et lune.   *B.*   2   »   *TB.*   4   »
54 — 1649. Globe terrestre. Æ.   *B.*   8   »
55 *Louis,* fils de Louis XIV, 1662. Son buste et dauphin couronné.   *B.*   1 50

56 *Philippe d'Orléans,* frère de Louis XIV. Leurs
   bustes.   *B.*   2   »

57 *Philippe,* fils du précédent, régent. Son buste et
   celui de Louis XV. Æ.   *TB.*   4   »

58 *Elisabeth-Charlotte d'Orléans,* ép. de Léopold de
   Lorraine et princesse de Commercy, 1739.
   Buste et armoiries. Coin de Saint-Urbain. Æ. *TB.*   15   »

59 *Louis, duc d'Orléans,* grand maître de l'ordre de
   Notre-Dame du Mont-Carmel et de Saint-Lazare,
   1733. Æ.   *B.*   10   »

60 *Jean-Philippe, bâtard d'Orléans, dit le Chevalier
   d'Orléans,* général des galères, chevalier de Malte
   et grand prieur de France, 1722. Hercule couché. Æ.   *TB.*   8   »

61 — 1740. Sirènes.   *TB.*   4   »
62 *Renée de Bourbon,* femme d'Antoine de Lorraine. S.
   d. Ecu et faisceau d'oliviers.   *B.*   8   »

63 *Antoine, duc de Vendôme,* pair de France, et comte de
   Marle et Soissons. Ecu de Bourbon et griffon. *B.*   6   »

64 *Charles de Bourbon,* cardinal. Ecu et arbre.   *B.*   3   »
65 *Charles de Bourbon, comte de Soissons,* pair de France
   et grand-maître de l'hôtel, 1596. Rocher battu
   par les vents.   *B.*   12   »

66 Hôtel de Soissons, à Paris. Légende et chaloupe. *B.*   3   »
67 *Henri de Bourbon, prince de Condé.* Méreau d'obit de
   J. Perrault, président de la Chambre des comptes.
                                               B.   6   »

68 *Louis II de Bourbon, prince de Condé.* S. d. Sa mort
    (1687).   B.   3   »

69 — Sa mort. Coin de Dassier. Æ.   TB.   10 »

69 *bis.* *L.-H., duc de Bourbon-Condé, et Caroline de Hesse-*
    Rheinfels, 1728.   B.   3   »

70 *Marie-Thérèse de Condé,* ép. de François-Louis,
    prince de Conti, 1704. Légende et deux écus
    accolés sous une couronne.   B.   5   »

71 *César de Bourbon, duc de Vendôme,* amiral de France,
    1647. Paysage.   B.   3 50

72 — Marine, 1656. Vaisseau.   TB.   4 »

73 *Louis-Joseph de Bourbon, duc de Vendôme,* général des
    galères, 1702. Phare.   B.   5 »

73 *bis.* — 1706. Sirènes. Æ.   TB.   8 »

74 *Louis de Bourbon, comte de Vermandois,* amiral de
    France, 1680, et Marine, 1674.   B. à 2 »

74 *bis.* *Marie-Thérèse de Savoie,* ép. de Charles-Philippe,
    comte d'Artois. Armes de France et de Savoie
    sous une couronne. Rℒ. « Jetton de madame la
    comtesse d'Artois, 1773 ». Octog.   B.   10 »

75 *Louis-Joseph-Xavier, duc de Bourgogne.* Sa naissance,
    1751. (Voyer de Paulmy, marquis d'Argenson,
    légat du roi.) Æ.   B.   10 »

76 *Marie-Th.-Ch.,* fille de Louis XVI. Sa mort, 1793.
                                  B.   5 »

77 *Louis-Auguste, duc du Maine,* colonel général des
    Suisses et Grisons, grand maitre de l'artillerie.
    S. d., 1709 et 1725. Selon la rareté   0 50 à 1 50

78 *Louise, duchesse de Bourbon,* femme du précédent,
    1703. Buste et abeille. Coin de H. Roussel. TB.   5 »

79 *Louis-Alexandre, comte de Toulouse,* amiral. S. d.
    Son buste et celui de son frère, Louis-Aug., duc
    du Maine.   B.   1 »

80 — Marine, 1707. Boussole. Æ.   TB.   15 »

81 — Marine, 1718 et 1730. Æ.   B. à 6 »

82 — Marine, 1721. Ruche d'abeilles.   B.   1 50

III

MAISON DU ROI

83 Chambre aux deniers. S. d. (Henri III et IV.)   *B.* à   2   »
84 — 1711 (Bardet de Vermanton).   *B.*   5   »
85 — 1737, 1746 et 1748.   *B.* à   1   »
86 *Louis Hesselin*, cons. du roi et maître de la Chambre
aux deniers, 1630.   *B.*   3   »
87 Ecuries. S. d. (Louis XV.)   *B.*   2   »
88 — S. d. (Louis XV.) Æ. Plusieurs variétés.
   B. 3 »   *TB.*   4   »
89 Bâtiments. 1663, 1667 et 1674 (Le Louvre), 1668,
1689 (Trianon), 1693, 1694 (Porte Saint-Denis)
et 1695 (Château de Marly).   *B.* 0 50 à 1   »
90 — 1680. Diamant. Æ.   *B.*   3   »
91 — 1714. Soleil sur le zodiaque au dessus de Notre-
Dame de Paris. Æ.   *TB.*   8   »
92 — 1738. Apollon assis.   *TB.*   1 50
93 — 1744. Niveau. Æ.   *TB.*   3 50
94 Orangerie de Versailles. S. d. Orangers en caisse
et panier rempli d'oranges. Æ. octog.   *TB.*   4   »
94 *bis.* Argenterie, 1718. Æ.   *TB.*   8   »
95 Menus plaisirs et affaires de la Chambre, 1703 et
1716.   *B.* à   1 50
96 *Le cardinal Barberini*, grand aumônier, 1656.
Abeilles sur des lis.   *TB.*   5   »
97 *Arm. Langlois de Septenville*, maître d'hôtel, 1681.
Ses armes. R̸. Trois aigles volant vers le Soleil.
   TB.   5   »
98 *Et. du Verdier*, maréchal de bataille, premier gen-
tilhomme de la Chambre, 1654. Mercure monté
sur Pégase et écusson.   *TB.*   5   »
99 *L.-J. de Madaillan*, enseigne des gens d'armes du
roi, 1717. Ecusson et éclairs.   *TB.*   6   »
100 Trésorerie générale. Tête du roi et écu de France
couronné et soutenu par deux anges. Coin de
Gatteaux. Æ. octog.   *TB.*   15   »

101 — Buste du roi, à dr. ℞. Deux I enlacés et cou-
ronnés. Æ.   *TB.*   8   »

IV

GRANDES ADMINISTRATIONS

CHANCELLERIE

102 1623. Le roi debout, tenant une épée et la boîte
des sceaux. ℞. Champ fleurdelisé.   *TB.*   6   »
103 1630. Le roi à cheval, de face. Même revers.   *B.*   5   »
104 *Mich. Le Tellier*, chancelier, 1684.   *TB.*   5   »
105 *D. Voisin*, chancelier. Ses armes. ℞. « Jean Lingée, marchand au palais, 1720. Octog.   *B.*   5   »
106 *Ch. de L'Aubépine*, *marquis de Châteauneuf*, garde
des sceaux en 1630. S. d. Ses armes et aubé-
pine.   *B.*   8   »
107 *P. Séguier*, garde des sceaux, 1641. Ses armes.
℞. Abeilles posées sur des fleurs de lis.   *B.*   5   »
108 Secrétaires du roi, 1579.   *B.*   1   50
109 — 1711. Tête de Louis XIV. ℞. Essaim
d'abeilles. Æ.   *TB.*   5   »
110 — 1724. Buste de Louis XV. ℞. Essaim
d'abeilles. Æ.   *B.*   3   50
111 — 1776. Buste de Louis XVI. ℞. Essaim
d'abeilles. Æ.   *TB.*   5   »
112 *L. Léchassier*, conseiller, notaire et secrétaire,
1588. Ses armes. ℞. Phylactère portant une
devise.   *TB.*   10   »
113 *Auvelliers*, conseiller, secrétaire, 1712. Ses armes.
                                            B.   5   »

CONSEILS

114 Grand conseil. S. d. (François I). Salamandre sur
un F couronné. ℞. Ecu de France trilobé et
couronné.   *B.*   8   »
115 — S. d. (Henri II). H couronné sur un croissant.
Même revers.   *B.*   4   »

116 Huissiers ordinaires du roi. 1651. *B.* 1 50
117 Conseil du roi, 1565. La France présentant une
 palme au roi marchant sur une femme nue et
 couchée. *TB.* 2 »
118 — 1570. Guerrier combattant contre un lion. *B.* 1 50
119 — S. d. (Henri III), 1594 et 1595. *B.* à 1 »
120 — 1618. Allusion à l'exécution de Concini, maréchal d'Ancre. Æ. *TB.* 8 »
121 — 1619, 1632, 1640 et 1642. *B.* à 1 »
122 — 1620. Jeton fr. en virole. *B.* 4 »
123 — S. d. (Louis XIV), 1657, 1659. *B.* à 0 50
124 — 1645. Ville de Gravelines. Æ. *TB.* 6 »
125 Avocats aux conseils, 1660. *TB.* 2 »
126 — 1725. Aigles volant vers le Soleil. Æ. *TB.* 3 »
127 — 1762. Aigles volant vers le Soleil. Æ. *TB.* 5 »
128 Conseillers du roi et notaires, s. d. (Louis XVI.)
 Coin de Droz. Æ. *TB.* 3 50
129 *Fr.-B. Boulin*, conseiller de la Cour des aides,
 1707. Ses armes et celles des alliances de la
 famille de Louvencourt. *TB.* 10 »
130 *J. de Bèze*, conseiller de la Cour des aides, 1707,
 et *Th. de Bèze*, conseiller au Parlement, 1714.
 Leurs armes. ℞. La Justice debout. *TB.* 4 »

V

PARLEMENT

131 Procureurs de la Cour. S. d. (Louis XV). Æ.*TB.* 5 »
132 *Martin de Bragelogne*, seigneur de Pars-lès-Romilly,
 Mesnil-lès-Pars, etc., conseiller du roi, 1580.*B.* 10 »
133 *N. Potier de Blancmesnil*, premier président, 1602.
 Ecu heaumé et trois dauphins. *AB.* 2 »
134 Maîtres des requêtes, 1657. Dix armoiries.
 B. 5 » *TB.* 8 »
135 — 1701. Vingt-deux armoiries. *B.* 7 »
135 *bis. F. de Villemontée*, seigneur de Montaiguillon,

maître des requêtes, intendant à La Rochelle,
etc., 1633.   *B.*   8   »

136 *J.-P. de Montchal*, conseiller d'Etat et maître des
requêtes, 1670. Ses armes et celles de son frère.
AB.   5   »

TRÉSOR ROYAL

137 *Louis XII.* S. d., 1706, 1708.   *B.* à   0 75

138 — 1703. Deux fleuves assis, et 1709. Fleuve
assis. Æ.   *B.*   3 50

139 *Louis XV.* 1730, Soleil et zodiaque. 1731, la Paix,
1732, Mines.   *B.* à   1   »

140 — 1733, Fleuve assis. 1737, Ruche. 1752, Fontaine. 1755, Fleuve assis.   *B.* à   1   »

141 — 1758. Neptune et deux fleuves. Æ. 3 var. *TB.* à 4 »

142 — 1742, 1754 et 1756.   *TB.* à   1   »

143 *Louis XVI.* S. d. Buste du roi et légende dans
une couronne de laurier. Æ. octog.   *TB.*   5   »

144 Parties casuelles, 1640. Chardon.   *B.*   1 50

145 — 1652. Colonne couronnée entre une épée et
une balance. Æ.   *TB.*   5   »

146 — 1696. Arbre, et 1722, Vase sur un piédestal.*B.* à 0 75

147 — 1739. Boussole sur une table. Æ.   *TB.*   5   »

148 — S. d. (Louis XV). Pluie tombant sur une
campagne traversée par un fleuve. Æ. Coin de
Roettiers fils.   *FDC.*   5   »

149 — S. d. (Louis XVI). Même revers. Æ.   *TB.*   4   »

150 Chambre du trésor (xive siècle). Ecu losangé
dans un quadrilobe. R⳹. Croix formée de quatre
clefs dans un quadrilobe.   *B.*   3   »

151 — 1555×1558. Ecu de la Chambre. R⳹. Croissant,
H couronné et cornes d'abondance.   *B.*   6   »

152 Les trésoriers généraux de France, 1578.   *TB.*   10   »

153 Trésorerie générale des fermes. S. d. (Louis XIII).
B.   1   »

154 — 1628. Buste de Janus sur un piédestal accosté
de deux cornes d'abondance. Æ.   *TB.*   5   »

155 Fermes des aides, 1639. Vigneron émondant sa vigne. *B.* 2 »

156 Gabelles, 1664. *B.* 2 »

157 Chambre de justice pour les réformes des finances, 1665. *B.* 3 »

158 *A.-Fr. Langlois*, conseiller d'Etat et intendant des finances au département des Monnaies. Ses armes. ℞. Nouvel hôtel des Monnaies, 1768. Æ. octog. Coin de Roettiers fils. *TB.* 20 »

159 *Cl. de Guénégaud*, trésorier de l'épargne. S. d. Ses armes et celles de Martel. *B.* 5 »

160 *Nic. Desmaretz*, contrôleur général des finances, 1708. Légende et ses armes. *TB.* 5 »

160 *bis*. Le même, 1712. Son buste et ses armes. *B.* 6 »

161 *Henry de Schomberg*, gouverneur de Nanteuil, surintendant des finances, 1621. Ses armes. ℞. NEC.GALLIS.INVISVS. Lion héraldique marchant à g. *TB.* 20 »

CHAMBRE DES COMPTES

162 XIIIe siècle. Ecu à deux faces dans un quadrilobe (R. et H. 1). *B.* 5 »

163 XIVe siècle. Ecu losangé à quatre lis. ℞. Croix cantonnée de quatre lis. *TB.* 3 »

164 — Variété du jeton précédent. *B.* 2 »

165 XVe siècle. Trois lis et une étoile dans un quadrilobe. ℞. Croix fleurdelisée, cantonnée de quatre étoiles. *TB.* 2 »

166 — Variété avec une croix fleurdelisée et cantonnée de quatre couronnelles. *B.* 1 »

167 — Variété avec une croix feuillue et cantonnée de quatre lis. *B.* 1 »

168 *François I.* Ecu et croix. *TB.* 3 » *B.* 1 50

169 *Henri II.* S. d. Ecu et croix. *B.* 1 50

170 — 1554. Croissant couronné. ℞. Ecu de France couronné entre deux branches de laurier. *TB.* 5 »

171 — S. d. Ecu trilobé formé par trois croissants. ℞. Quatre H posés en croix, surmontés de

fleurs de lis et cantonnés de quatre croissants
couronnés.   *B.*   2   »

172 — 1552. Même avers. R⁄. Quatre croissants for-
mant croix, surmontés de fleurs de lis et cantonnés de quatre H couronnés.   *B.*   1   50

173 — 1552 et 1553. Ecu couronné. Même revers. *B.*   1   50

174 — 1555, 1557 et 1558.   *B.* à   1   »

175 *François II.* 1559. Sénestrochère tenant une sphère,
et un F couronné. R⁄. Armes de France sous
une couronne.   *TB.*   5   »

176 — 1559. K couronné (initiale de la régente, Cath.
de Médicis) au dessus de deux cornes d'abondance.   *B.*   7   »

177 *Charles IX.* 1563 à 1573.   *B.* à   1   »

178 *Henri III.* 1578 à 1587.   *B.* à   1   »

179 *Henri IV.* 1596, 1597, 1601, 1603 et 1607. *B.* à   1   »

180 *J. Perrault*, président de la Chambre. Méreau
d'obit p. le prince de Condé.   *B.*   6   »

181 *P. Larcher de Chamont*, président de la Chambre,
1715. Son buste et ses armes.   *AB.*   3   »

182 *J. Legrand*, écuyer, seigneur de Saint-Germain,
maître des comptes, et Cath. Allegrin, sa femme.
                                       AB.   5   »

COUR ET HOTEL DES MONNAIES

183 XIIIe siècle. Ecu fleurdelisé et balance (R. et H. 1
et 2).   *B.* à   2   »

184 XIVe siècle. ✠ DE LA : MOVNOIE : DV ROI. Ecu
dans une épicycloïde. R⁄. Croix fleurdelisée (R.
et H. 10 var.).   *B.*   10   »

185 *Charles IX.* 1566. Ecu couronné. R⁄. IVSTV.
PŌDVS SPECIES PROBA. Balance au dessus
d'un autel enflammé, entre deux figures allégo-
riques.   *B.*   3   »

186 *Henri III.* 1578. La Justice debout, à g. *B.*   3   »

187 — 1580. Archimède, à g.   *B.*   6   »

188 — 1582 et 1583.   *B.* à   2   »

189 — 1587. Archimède, à dr.   *B.*   1   50

190 *Louis XIII*. S. d. La Justice debout, de face.   B.   3   »

191 — 1629. Port de La Rochelle.   TB.   5   »

192 — 1637.   B.   1 50

193 *André Hac*, greffier de la Cour des monnaies.
   S. d. 2 var.   B. à   2 50

194 *F. Lebrun*, conseiller du roi en sa Cour des monnaies, 1645.   B.   3   »

195 *J. Marceau*, conseiller du roi en sa Cour des monnaies. 1678.   AB.   2   »

196 *A.-Fr. Langlois*, intendant des Monnaies. 1768.
   Æ. octog.   TB.   20   »

197 Ouvriers monnayeurs, 1665.   AB.   3   »

198 *Jean Grand-Cerf*, monnayeur, 1643.   B.   3   »

199 Indéterminé. S. d. (Louis XIII). Ecu heaumé. B.   5   »

200 Ajusteurs et monnayeurs de la Monnaie, 1751 et
   1767. Æ.   TB. à   5   »

201 Monnayeurs, 1723. Æ.   B.   4   »

202 *Gengembre*, mécanicien des Monnaies. Essai de
l'an X, à la tête du premier consul.   B.   5   »

203 *Jerbeault*, inventeur d'une machine qui accélère
extraordinairement le monnayage des espèces.
   S. d. (Louis XVI.)   B.   5   »

204 Hôtel des Monnaies, 1768. R∠. Château de Bellevue, 1752. Æ. octog.   B.   10   »

ADMINISTRATION MILITAIRE

205 Ordinaire des guerres. *Louis XIV*. S. d., Soleil
sur le zodiaque; s. d., Eléphant; 1672, Orage;
1684, Porc-épic (Paparel, trésorier).   B. à   1   »

206 — *Louis XV*. 1728. Ruche.   B.   1   »

207 — 1725. Lions. Æ.   TB.   5   »

208 Extraordinaire des guerres et cavalerie légère. S.
d. (Louis XIII) et 1654, Hydre.   TB. à   1 50

209 *L. Longuet*, trésorier de l'extraordinaire des guerres
et cavalerie, 1655. Levée du siège d'Arras. TB.   »   »

210 — 1658. Aigle.   TB.   2 50

211 Extraordinaire des guerres, 1691 et 1761.   TB. à   1   »

212 — 1777. La Paix debout, s'appuyant sur un guer-
    rier assis. Æ. *TB.* 4 »

213 Trésor extraordinaire des guerres. S. d. (Louis
    XIV). *TB.* 1 »

214 *P.-L. C.*, trésorier des armées, 1603. Guerrier
    saisissant la Fortune aux cheveux. *B.* 2 50

215 Artillerie, 1696, 1699, 1702. *B.* à 1 »

216 — 1730 et 1734. *TB.* à 1 »

217 — 1755. Canons. Æ. *FDC.* 6 »

218 Artillerie et génie. S. d. (Louis XV.) Æ. *FDC.* 6 »

219 *Max. de Béthune*, grand maître de l'artillerie, 1602.
    AB. 4 »

220 *Henri de Daillon, duc du Lude*, grand maître de
    l'artillerie, 1670. *B.* 4 »

221 — 1682. *B.* 3 »

222 *Louis, duc du Maine*, grand maître de l'artillerie,
    voir n° 77.

223 Trésoriers payeurs de la gendarmerie, 1663. *B.* 2 »

224 Marine, 1705 (Louis XIV), et 1716 (Louis XV).
    TB. à 1 »

225 — 1756. Aigle au dessus des Vents qui soufflent
    sur la mer. Æ. 2 var. *TB.* à 6 »

226 *A. de Maillé, duc de Brézé*, amiral, 1646. Ses armes
    et une flotte. *TB.* 6 »

227 *César de Vendôme*, amiral. Voir n° 72.

228 *Louis de Vermandois*, amiral. Voir n° 74.

229 *Louis-Alex., comte de Toulouse*, amiral. Voir n°ˢ 79
    à 82.

230 Galères. Louis XIV. S. d., 1691 et 1696. *TB.* à 1 »

231 — Louis XV. 1723. Sirènes. Æ. *B.* 5 »

232 *Louis de Vendôme*, général des galères. Voir n° 73.

233 *Jean d'Orléans*, général des galères. Voir n° 60.

234 Connétablie et maréchaussée de France. S. d.
    (Louis XIV). Æ. *TB.* 5 »

235 *Et. du Verdier*, maréchal de bataille. Voir n° 98.

ADMINISTRATIONS DIVERSES

236 Ponts et chaussées. S. d., sous Louis XV. Æ. *TB.* 3 50

237 Colonies françaises. Louis XV, 1751 (Indien), et
    1755 (Galère).   *TB.* à 5 »

237 *bis.* Société coloniale franco-américaine de Cas-
    torland, 1796. Æ. frappe ancienne.   *TB.*   50 »

238 Ordre du Saint-Esprit, 1662. Armes de France et
    le Saint-Esprit.   *TB.*   6 »

239 — S. d. Buste de Louis XVI, à dr. R⁄. Le Saint-
    Esprit dans une couronne. Æ. octog.   *TB.*   6 »

240 Ordre de Saint-Louis. S. d., sous Louis XV. Tête
    et saint Louis debout. Æ.   *TB.*   4 »

241 — S. d., sous Louis XVI. Mêmes types. Æ. *TB.*   5 »

242 Ordre des Chevaliers de Saint-Lazare et du Mont-
    Carmel, 1723. Æ.   *AB.*   6 »

V

JETONS DE PARIS

243 S. d. Vaisseau et croix ornée. Entrée d'Henri II à
    Paris (Affry 12).   *B.*   5 »

244 S. d. Vaisseau entre deux Fleuves couchés (la
    Seine et la Marne). R⁄. Croix (A. 21).   *TB.*   2 »

245 1567, 1581, 1583, 1585, 1588, 1608, 1653, 1656,
    1695 et s. d. (Louis XIV).   *TB.* à 1 »

246 S. d. Buste de Louis XV. R⁄. Hôtel de ville (A.
    65 var.). Æ.   *TB.* 12 »

247 Payeurs de rente, 1709. Æ.   *TB.*   7 »

PRÉVÔTS DES MARCHANDS

248 *Sanguin*, 1609; *Miron*, 1615; *Bailleul*, 1624 et
    1628.   *B.* à 2 »

249 *Moreau*, 1634 (A. 141). Æ.   *TB.*   7 »

250 *Moreau*, 1636 (A. 144 var.); *Oudart le Féron*,
    1640 et 1641; *Macé*, 1643 et 1644; *Scaron*,
    1645; *Le Féron*, 1647, 1649 et 1650; *Le Fébure*,
    1651 à 1654; *Sève*, 1655 à 1661; *Voysin*, 1664
    et 1668; *Le Pelletier*, 1669, 1670, 1674 à 1676;

Pomereu, 1682 et 1684; *Fourcy*, 1685, 1688 et 1691 ; *Bosc*, 1695. Selon la conservation et la rareté. 1 à 2 »

251 *Cl. Bosc*, 1700. Armes de la ville. ℞. Statue équestre de Louis XIV (A. 254). Æ. *TB.* 4 »

252 *Boucher d'Orsay*, 1703. Ses armes et tournesol (A. 256). Æ. *TB.* 6 »

253 Le même jeton, en cuivre. *TB.* 3 »

254 *Castagnère, marquis de Châteauneuf*, 1721 (A. 263) et 1723 (date inédite). Æ. *TB.* à 4 »

255 *Lambert*, 1725 (A. 264). Æ. *TB.* 3 50

256 Le même jeton, en cuivre. *TB.* 2 »

257 *Turgot*, président aux requêtes, 1736 (A. 269). Æ. *B.* 3 »

258 *Aubery, marquis de Vastan*, 1740 (A. 273). Æ. *TB.* 6 »

259 *Bernage*, 1774 (A. 276). Æ. *FDC.* 4 »

260 — 1746 et 1754 (A. 277 et 281). Æ. *FDC.* à 6 »

261 *Bignon*, bibliothécaire du roi, 1769 (A. 289). Æ. *TB.* 5 »

262 *La Michodière*, 1773 (A. 292). Æ. *TB.* 5 »

ÉCHEVINS

263 *Galland*, auditeur des comptes, 1640; *Cramoisy*, directeur de l'Imprimerie royale, 1643; *Caigny*, 1647; *Phelippes*, maître d'hôtel du roi, 1652; *Santeul*, 1656 et 1657. *B.* 1 à 2 »

RECEVEURS DES PAUVRES

264 S. d. CHARITAS PARISI. La ville personnifiée répandant la manne sur la Cité (A. 335). *B.* 5 »

265 *Perichon*, s. d.; *Simonet*, 1642; *Helyot*, 1644; *Pocquelin*, s. d.; *Bachelier*, s. d.; *Bellavoine*, 1662; *Levieux*, 1664; *Ballard*, 1664; *Gellain*, mercier, 1666; *Chauvin*, 1668; *A. de Harlay, comte de Beaumont*, procureur général, 1672. *B.* à 1 50

POLICE ET OFFICIERS DE LA VILLE

265 *bis*. Police, 1609. Coin de N. Briot. *TB.* 3 »

266 — S. d. (Louis XIII). 2 var.   *TB.* à 2 50
267 — S. d. (Louis XIV).   *TB.* 2 »
268 *Posuel de Verneaux*, lieutenant général de police.
                AB. 5 »
269 Greffiers du Châtelet. S. d. Æ. *TB.* 4 »
270 La police du Châtelet. S. d. (Henri IV). *B.* 3 »
271 Doyenné de M. Daminois, commissaires du Châtelet, 1747. Æ.   *TB.* 8 »
272 Doyenné de M. Girard, commissaires du Châtelet,
  1772. Æ.   *TB.* 8 »
273 Doyenné de M. Mouricault, commissaires du Châtelet, 1779.   *TB.* 5 »
274 Communauté des procureurs du Châtelet, 1664.
                TB. 4 »
275 Election de Paris. S. d. (Louis XV). Æ. *TB.* 3 »

CORPORATIONS

276 Six corps des marchands. Sept figures soutenant
  un globe.   *TB.* 1 »
277 Le premier corps des marchands, drapiers (N.
  Gallois le fils, 1703).   *B.* 2 »
278 Agents de change sous Louis XIV. *B.* 1 50
279 — sous Napoléon III, 1853. Æ. octog. *FDC.* 5 »
280 Compagnie d'assurances (*Le Phénix*) établie par
  arrêt du conseil du 6 novembre 1786. Octog.*TB.* 6 »
281 Assurance mutuelle, *La Fraternelle*. Octog. *FDC.* 2 50
282 Barbiers-perruquiers, 1719. Æ. *FDC.* 15 »
283 Experts des bâtiments sous Louis XV et XVI. Æ.
             TB. à 3 50
284 Experts et greffiers des bâtiments sous Louis XVI.
  Æ.   *B.* 2 »
285 Commissaires contrôleurs des bois à bâtir, 1732.
  Æ. octog.   *TB.* 6 »
286 Approvisionnements de bois. Buste de J. Rouvet,
  inventeur des flottages. Æ. octog. *TB.* 6 »
287 Boulangers. Tête de Louis XVIII et saint Honoré.
             FDC. 1 50

288 — 1821. Æ.   *FDC.*   2   »
289 Brodeurs et chasubliers, 1704.   *B.*   5   »
290 — sous Louis XV. Æ.   *FDC.*   9   »
291 Charpentiers, 1816. Pont en bois. Æ. octog. *TB.*   4   »
292 Huissiers, commissaires-priseurs sous Louis XV.
                                                        TB.   4   »
293 Juges-consuls sous Louis XV. Æ.   *B.*   3   50
294 — sous Louis XVI, 1750.   *FDC.*   5   »
295 Horticulteurs. Fête de J. César et corbeille de
         fruits, 1638. Æ.   *TB.*   6   »
296 Le même jeton, en cuivre.   *TB.*   2   »
297 Maçons. S. d. (vers 1790).   *TB.*   3   »
298 Menuisiers et ébénistes, 1748. Æ.   *TB.*   8   »
299 Merciers, 1645, 1653, 1682, 1704 et s. d.
         (Louis XIV).   *B.* à   1   »
300 — 1655. Æ.   *TB.*   7   »
301 Mesureurs de grains, 1660.   *B.*   2   »
302 Orfèvres, 1700.   *B.*   2   »
303 Porteurs de grains, 1703.   *B.*   3   »
304 Tapissiers, 1752. Æ.   *TB.*   9   »
305 Cayenne des compagnons passants plâtriers (vers
         1820). Æ.   *TB.*   3   »
306 Teinturiers de bon teint sous Louis XV. Æ.*FDC.*   7   »
307 Traiteurs, 1710. Buste de Louis XV. Æ.   *TB.*   5   »
308 Confrérie des marchands de vin, 1691.   *TB.*   0   75
309 Gardes marchands de vin sous Louis XV. Æ.*FDC.*   4   »
310 Variété du jeton précédent.   *TB.*   1   »
311 Chargeur de vin et juré rouleur de vin, 1691. *B.*   2   »
312 Cabaretiers, 1650.   *B.*   2   »
313 Vitriers-peintres sur verre, 1715.   *TB.*   4   »
314 Soc. philanthropique (le duc de Berri, président).
         Bon pour une soupe.   *TB.*   2   »
315 Soc. des amis de prévoyance (Censeur). Octog.*TB.*   6   »
316 Cercle du Caveau.   *TB.*   3   »
317 District des cordeliers, sous la présidence de
         G. Danton, 1790.   *TB.*   3   »

CORPS SCIENTIFIQUES

318 Académie française, 1675. Buste de Louis XIV.*B.*   3 »
319 — Variété du jeton précédent, 1679. Æ.   *TB.*   5 »
320 — 1717 et s. d. Buste de Louis XV. Æ.   *TB.* à 3 »
321 — S. d. Buste de Louis XVI. Coin de Gatteaux.
    Æ.   *TB.*   4 »
322 Académie des Inscriptions et Belles-Lettres. S. d.
    Tête de Louis XV. Æ.   *TB.*   3 »
323 — S. d. Tête de Louis XVI. Æ.   *TB.*   5 »
324 Académie des sciences sous Louis XV et XVI. Æ.
    TB. à 3 »
325 Académie de peinture et de sculpture sous Louis
    XVI. Métal de cloche.   *B.*   5 »
326 Académie d'architecture sous Louis XV.   *TB.*   3 »
327 Université. Jetons au type de Charlemagne, 1657,
    1677 et 1699.   *TB.* à 1 »
328 — Même jeton de 1747. Æ.   *TB.*   3 »
329 Lycée des Arts (au Palais-Royal), 1792. Æ.*FDC.*   5 »
330 Le même jeton, en cuivre.   *TB.*   1 »
331 Ecoles gratuites de dessin sous Louis XVI.   *B.*   1 »
332 Ecole nationale de dessin (architecture) sous la
    première République.   *B.*   3 »
333 Académie de Saint-Luc, 1758. R⁄. FORGET,
    1790, gravé au burin.   *TB.*   5 »
334 Collège de pharmacie, 1778. Coq et serpent. Æ.
    TB.   6 »

DOYENS DE LA FACULTÉ DE MÉDECINE

335 *Ph. Hecquel*, d'Abbeville, 1714.   *TB.*   6 »
336 *A. Douté*, de Paris, 1717-1718. Armes de la
    Faculté. R⁄. Son monogramme. Rare.   *B.*   20 »
337 *H.-F. Baron*, de Paris, 1731-1732. Son buste et
    Esculape assis.   *B.*   3 »
338 — 1733-1734. Son buste et salle d'opération.*AB.*   4 »
339 *M.-L. Reneaume de la Garanne*, de Blois. 1734-
    1736. Son buste et les armes de la Faculté.*AB.*   2 50

340 *J.-B. Chomel*, de Paris, 1738-1740. Son buste et ses armes.   *B.*   4   »

341 *Elie Col de Vilars*, de l'Angoumois, 1741-1742. Son buste et les armes de la Faculté.   *B.*   3   »

342 *J.-B.-T. Martineaq*, 1748. Son buste et légende. *B.*   6   »

343 *H.-Th. Baron*, fils, 1751. Son buste et les armes de la Faculté.   *B.*   3   »

344 Le même, 1754. Mêmes types. Æ.   *TB.*   10   »

345 *J.-B.-L. Chomel*, 1754-1756. Son buste et les armes de la Faculté.   *B.*   4   »

346 *J.-B. Boyer*, de Marseille, 1758. Son buste et ses armes. Troué.   *B.*   5   »

347 *J.-Ch. Desessartz*, de l'Aube, 1777. Son buste et légende.   *TB.*   6   »

348 *Th. Levacher de la Feutric*, d'Evreux, 1779-1780. Son buste et ses armes.   *B.*   3   »

349 *Edm.-Cl. Bourru*, de Paris, 1786-1787. Son buste et deux femmes.   *B.*   4   »

350 Le même, 1790. Son buste et légende.   *B.*   5   »

351 *J.-I. Guillotin*, de Saintes, 1807. Son buste et légende.   *TB.*   6   »

352 Le même, 1809. Son buste et Hygie assise. *TB.*   5   »

352 *bis. A. Portal*, de Gaillac, 1810. Son buste et ses armes.   *FDC.*   5   »

353 *L.-H. Rouvière*, pharmacien à Paris. Serpent sur une table et Hygie assise.   *TB.*   8   »

354 Comité central de vaccine, 1808. Tête de Napoléon I et légende. Æ.   *FDC.*   10   »

CLERGÉ ET ÉGLISES

355 Assemblée du clergé, 1650. Couronne, sceptre et main de justice, sur un autel. R⁄. Légende dans une couronne.   *TB.*   2   »

356 — 1665. Galère et un dragon. R⁄. Galère entourée d'étoiles.   *B.*   1   50

357 — 1715. L'Arche sainte. Æ.   *B.*   3   50

358 — 1762. Æ.   *TB.*   4   »

359 — 1770, 1775 et 1785. Æ. octog.   *B.* à   3   50

360 *Fr. de Harlay*, archevêque et professeur de la Sor-
    bonne.   *TB.*   3   »

361 *A. Affre*, archevêque. Sa mort, 1848. Æ. *FDC.*   3   »

362 *Morlot*, archevêque. Sa mort, 1862.   *TB.*   1   »

363 Sainte-Chapelle, 1700. Méreau. Æ. Troué. *B.*   1 50

364 La même, en cuivre.   *B.* 1 » *TB.*   1 50

365 Grande confrérie à la Madeleine. XII deniers. *B.*   4   »

366 — X deniers.   *B.*   1 50

367 Saint-Gervais. XII deniers, 1650.   *B.*   1   »

368 Les marguilliers de Saint-Gervais sous Louis XVI.
    Æ.   *TB.*   8   »

369 Saint-Jacques-l'Hôpital. Méreau, 1646. *B.*   2   »

370 Notre-Dame. Méreau, 1635.   *TB.*   1   »

371 Fabrique de Saint-Eustache (Poupart, curé, 1786).
    Le Saint à genoux devant le cerf. Æ. octog.
        FDC.   12   »

372 Fabrique de Saint-Roch sous Louis XVI. Æ. *TB.*   10   »

373 Secours en argent distribués aux communautés
    religieuses par la cassette royale. Æ.   *TB.*   7   »

374 Méreau indéterminé. Le Saint-Sacrement entre P
    et F.   *B.*   3   »

375 — Oiseau tenant une branche dans le bec. R⁄. D.
    P. 1818. Etain.   *B.*   2   »

376 Méreau protestant. Calice et pain. Etain. *B.*   2   »

FRANC-MAÇONNERIE

377 Loge des Frères unis, 1775. Æ.   *TB.*   5   »

378 — du Point parfait, 1760.   *TB.*   1   »

379 — des Amis de la paix, 1789.   *B.*   2   »

380 — écoss. de Saint-Alexandre. Æ.   *FDC.*   10   »

381 —   —   —   —   *TB.*   3   »

382 — de Saint-Charles.   *TB.*   3   »

383 — de la Trinité, 1802. Æ.   *FDC.*   8   »

384 — de la Parfaite réunion, 1802.   *TB.*   1 50

385 — de Saint-Eugène, 1805.   *FDC.*   10   »

PROVINCES

ILE DE FRANCE ET SOISSONNAIS

386 *Provins*. Prix d'adresse. Arquebuse de Saint-Sillas.,
    1843.   *TB.*   3   »
387 *Versailles*. Maison philanthropique, 1786. Æ. *TB.*   5   »
388 — Orangerie. Æ. octog.   *TB.*   5   »
388 bis. *Bellevue*. Vue du château, 1752. Æ. octog. B.   10   »
389 *Laon*. Monnaie des Innocents. Etain.   B.   10   »
390 *Soissons*. A.-L. de Guise-Aumale, abbesse de
    Notre-Dame, 1598. Ecu écartelé de Lorraine et
    de Bourbon-Vendôme, posé sur une crosse et
    entouré du chapelet de religion. Ŗ. Pyramide.
                                                TB.   16   »
391 *Saint-Gobain*. Manufacture royale des glaces, 1830.
    Æ. octog.   *FDC.*   5   »
392 J. Phélipeaux, sieur de Villesavin, 1632. Ses
    armes et fontaine.   B.   6   »

NORMANDIE

393 Jeton gravé au burin au buste de Guill. le Conqué-
    rant, duc de Normandie. Æ.   B.   5   »
394 Ecu à trois léopards. Ŗ. Croix. Etain.   B.   3   »
395 Méreau à l'Agneau pascal.   B.   2   »
396 *Rouen*. Déchargeurs des quais. 1638. Grue. B.   4   »
397 Jeton de la ville, 1684.   B.   10   »
398 Louis XIV. Jeton de la ville à son buste et aux
    deux écussons. Æ.   *TB.*   7   »
399 Louis XV. Jeton de la ville. Coin de Roettiers. Æ.
                                            TB.   5   »
400 —   —   Coin de Le Blanc. Æ.
                                            TB.   6   »
401 —   —   Coin de Duvivier. Æ.
                                            TB.   5   »
402 —   —   Coin de Marteau. Æ.
                                            TB.   6   »

403 Ch.-F., duc de Luxembourg, gouverneur, 1709.
      TB.   8   »
404 Collèges des avocats, 1706. Æ. 2 var.   *TB.* à   5   »
405 Prieur et juges-consuls, 1712. Æ.   *TB.*   6   »
406   —   —   sous Louis XVI. Æ. *TB.*   4   »
407 Monnayeurs sous Louis XV. Æ.   *TB.*   5   »
408   —   Louis XVI, 1787. Æ.   *TB.*   5   »
409 Chambre de commerce, 1719 et 1721. Æ.   *TB.* à   6   »
410 Réunion des marchands, 1706. Æ.   *TB.*   6   »
411   —   —   1719. Æ. 2 var.   *TB.* à   5   »
412 Marchandes lingères sous Louis XV. Æ.   *TB.*   6   »
413 Dom., cardinal de La Rochefoucauld, archevêque,
     S. d. Ses armes. Æ. octog.   *TB.*   6   »
414 Académie des sciences, lettres et arts, 1744. Bustes
     de Corneille, Fontenelle et de Poussin. Æ. *TB.*   3   »
415 Loge de l'Ardente amitié. Æ. octog.   *TB.*   6   »
416 — de la Persévérance. Æ.   *TB.*   4   »
417 — de la Constance éprouvée, 1835. Octog. *TB.*   5   »
418 Paix des Pyrénées, 1661.   *B.*   2   »
419 Compagnie d'assurance, *le Phénix* (Seine-Infé-
     rieure et Eure). Æ.   *FDC.*   4   »
420 *Caen.* P. de Rozevignan, marquis de Chamboy,
     gouverneur, 1656. Ses armes et sanglier.   *B.*   12   »
421 *Dieppe.* Réunion des merciers-drapiers, 1728. Æ.
           FDC.   8   »
422 *Elbeuf.* Manufacture. Buste de Louis XV. Vigne
     grimpant autour d'une croix de Lorraine. Æ.
           TB.   8   »
423 *Littry* (mines). 12 sols.   *TB.*   4   »
424 *Louviers.* Loge des Arts et l'Amitié, 1805. Æ. *TB.*   8   »
425 P. Le Marchant, seigneur de Saint-Manvieux,
     1627.   *B.*   3   »

ORLÉANAIS

426 Maison de ville d'Orléans, 1608. S. d. (Louis
     XIII).   *B.* à   1   50
427 Chambre des chaussées, 1576, 1586, 1629. *B.* 1 à 2   »
428 Marchands, 1625, 1653. S. d. (Louis XIV). *B.* à 2   »

429 Tassin, maire, 1754. Æ.   *TB.*   9   »
430 Plomb de douane, époque Louis XIII.   *B.*   3   »
431 Loge des A. et M., 1812. Jeton gravé.   *B.*   6   »
432 *Chartres.* Mairie, 1689.   *TB.*   4   »
433 — S. d. (Louis XVI). Æ.   *TB.*   5   »
434 *Montargis.* F. Faden, 1661. Charles V. ℞. Armes
     de la ville.   *B.*   8   »
435 — Cavalier, à dr. Même revers.   *A B.*   3   »

TOURAINE

436 *Maires de Tours.* Lucas, 1586; Chaloppin, 1587;
     Le Galland de Montorant, 1598; Forget de la
     Fortinière, 1599; Binet des Baudes, 1601; Hou-
     dru, 1606; Pallu de Vaux, 1612 et 1613; Sain,
     trésorier général, 1614; Boutault de Beaure-
     gard, 1616; Leblanc de Lavalière, 1619; Gau-
     tier, cons. au Parlement de Bretagne, 1621;
     Fleury de Villetrun, trésorier général, 1623;
     Dumoulin de la Souche, 1624; Cotereau, 1629;
     Morin, 1631; Dupuy du Tillon, 1632; Chau-
     vet, trésorier général, 1636; Pequineau de Cha-
     rentays, 1637; Leroux de Rochefur, 1639; Bo-
     vet de la Noue, 1646; Toulée de la Garie,
     1653; Mathé, 1664. Selon la conservation et la
     rareté.   2 à 3   »
437 Cop de Pocé, 1765. Æ.   *TB.*   7   »
438 Méreau du xviiᵉ siècle (Charles Mathé ?).   *B.*   3   »
439 Plomb du xviiᵉ siècle (Philibert Aveline ?). *B.*   3   »
440 N. Joubert, seigneur des Touches, trés. gén. des
     finances au bureau de Tours, 1627.   *B.*   3   »
441 Ant. Coiffier, marquis d'Effiat, surintendant des
     finances, 1632. Ses armes. ℞. Dextrochère te-
     nant un foudre.   *B.*   8   »
442 Malier du Houssai, intendant des finances, 1625. *B.* 3   »
443 Jeton paraissant appartenir à une famille de cette
     province. ★. FLORES.VIRTVTIS.AMŒNI.
     Ecu à un chevron accompagné en chef de deux
     trèfles, et en pointe d'une quintefeuille. L'écu

est timbré d'un casque orné de lambrequins.
R̞. Ecu écartelé avec un écu en cœur et timbré d'un casque orné de lambrequins et cimé
d'un lion issant. Supports : deux lions. Devise :
OMNIA CVM . DEO.   *TB.*   15   »

ANJOU

444 Champ fleurdelisé et croix. XIIIᵉ siècle (R. et H.
   114).   *B.*   2   »
445 Voir aussi nº 40 *bis.* ˙
446 *Angers. Maires* : Gohin, 1655 (Deux ponts réunissant les deux rives de la Maine); N. Cupif de
   Teildras, 1671 ; Poisson de Neufville, 1677 ; Le-
   zineau, 1681 (Rétablissement des chemins et
   du pont de la ville) ; J. Charlot, seigneur des
   Loges, 1685 ; Renou de la Féaulté, 1689
   (Théâtre); Raymbauld , 1701 (Construction du
   Collége).   *B.* 2 à   3   »
447 F. Jourdan, seigneur de Fleins, 1711. Secours
   aux pauvres.   *TB.*   5   »
448 R. Robert, seigneur des Marchais, 1720. Vue de
   la cathédrale.   *B.*   3   »
449 S. d. Buste de Louis XV. R̞. Armes d'Angers. Æ.
                                          B.   4   »
450 J. Boullay du Martray, écuyer, 1781. Æ. *FDC.*   10   »
451 S. d. Buste du duc d'Anjou (Louis XVIII). R̞.
   Armes d'Angers. Æ.   *FDC.*   3 50
452 P.-D. Clermont, receveur d'Angers, 1581. Ses
   armes et celles de la ville.   *TB.*   18   »
453 *Fins et Noyant.* Compagnie des mines, 1785. *B.*   4   »
454 Du Verdier, originaire du Maine. Voir nº 98.

BRETAGNE

455 *Etats.* Louis XIII. S. d. Ecu écartelé et hermine.
   Æ.   *B.*   4   »
456 Louis XIV. S. d., 1707, 1709 et 1711. Æ.   *TB.* à   4   »
457 Louis XV. 1717, 1726, 1730 (Naissance du dau-

phin), 1744, 1752, 1754. (Statue de Louis XV),
1756, 1762, 1764, 1766, 1768 (2 var.) et 1772.
Æ. *TB.* 3 à 4 »

458 Louis XVI, 1778, 1780, 1784 (2 var.) et 1786.
Æ. *TB.* à 3 »

459 Rente rendue à la Havardière, 1749. Chat couché.
Jeton gravé. *TB.* 6 »

460 Madaillan, famille de Bretagne. Voir n° 99.

461 *Nantes. Maires* : Anonyme, 1661 ; Charette, sénéchal, 1671 ; Regnier, auditeur des comptes,
1674 ; Chevallier, 1677, et Fremon, 1680. *B.* à 2 »

462 — Noblet Duvillo de Lespau, avocat général,
1692. Æ. *FDC.* 8 »

463 — Mellier, chevalier de Saint-Lazare, 1721. Æ.
B. 5 »

464 — De la Haye-Moricaud, 1738. Æ. *FDC.* 5 »
465 — — 1739. Æ. *FDC.* 4 »
466 — D'Arquistade, 1743. Æ. *TB.* 5 »
467 — Bellabre, 1752. Æ. *FDC.* 6 »
468 — Le même. *FDC.* 2 »
469 — Gellée de Prémion, 1754, 1756, 1776 et 1781.
Æ. *FDC.* à 5 »
470 — Fr. Libault, 1767. Æ. *TB.* 5 »
471 — Berrouette, 1783. Æ. *FDC.* 6 »
472 — Kervegan, 1790. Æ. *FDC.* 7 »
473 Chambre de commerce. Æ. octog. *FDC.* 3 50
474 Tribunal de commerce, 1859. Æ. *FDC.* 3 »
475 Assurances mutuelles, *La Bretagne* (1842). Æ.
octog. *FDC.* 4 »
476 Anniversaire de la fête nationale, 1831. *TB.* 1 »
477 — — 1832 (Coin de
la pièce de cinq francs). *TB.* 5 »
478 *Rennes.* États de Bretagne, 1728. Reconstruction
de la ville. Æ. *FDC.* 5 »
479 *Maires* : Baillon, 1757. Æ. *FDC.* 10 »
480 — Hevin, 1758. Æ. *FDC.* 4 »

AUNIS

481 *La Rochelle*. Chambre de commerce, s. d. (Louis
    XV). Æ.   *TB.*   5   »

482 — Chambre de commerce, 1771. Agrandissement
    du port sous les auspices de Gab. Sénac de
    Meilhan, intendant d'Aunis. Æ. (Coin de
    Roettiers fils).   *FDC.*   12   »

483 — Chambre de commerce, 1774. Æ.   *TB.*   3   »

484 — Juges et consuls, 1760. Æ.   *FDC.*   6   »

485 — Prise de la ville en 1628. Jeton aux armes d'Ar-
    nauld d'Andilly.   *B.*   2   »

486 F. de Villemontée, intendant, 1633. Voir n° 135 *bis*.

GUYENNE ET GASCOGNE

487 *Bordeaux*. S. d., sous Louis XV. Æ. 2 var.   *TB.* à   4   »

488 — S. d., sous Louis XVI. Æ. (Coin de Gatteaux).
                           TB.   6   »

489 Chambre de commerce, 1750. Tête de Louis XV
    au bandeau. R̃. Boussole sur un vaisseau. Æ.
                           FDC.   5   »

490 Conseillers du roi et notaires, 1756. Buste de
    Louis XV et lion. Æ.   *TB.*   8   »

491 Comte de Trussy. Jeton aux armes de Trussy et
    de Peyronnenq. Octog.   *B.*   8   »

492 Filley de la Barre, chevalier de Saint-Louis. Jeton
    à ses armes et à l'oranger.   *TB.*   8   »

LANGUEDOC

493 *Etats*. S. d. Armes des Etats et celles de M. de
    Bonzi, évêque de Montpellier.   *B.*   2   »

494 — 1659. Armes des Etats et buste de Louis XIV.
                           TB.   1   »

495 — 1718. Bustes de Louis XV et de Philippe d'Or-
    léans, régent. Æ.   *TB.*   10   »

496 — Le même, en cuivre.   *B.*   2   »

497 — 1730. Naissance du dauphin. Bustes accolés
    de Louis XV et de Marie Leczynska.   *TB.*   7   »

498 — 1716. Publication de l'histoire du Languedoc.
AR. *TB.* 7 »

499 — Louis XV. S. d. 1759, 1765, 1768 et 1774.
AR. *TB.* à 4 50

500 — Louis XVI, 1778. Coin de Duvivier. AR. *TB.* 5 »

501 *Toulouse*, 1617. Ecus de France et de Navarre.
Ŗ. Le roi à cheval sur un pont. *TB.* 2 50

502 — Ch. de Montchal, archevêque, 1630. Ses armes
et celles de son frère. *AB.* 5 »

503 — A.-R., comte Dillon, archevêque de Narbonne,
et Et.-Ch. de Loménie de Brienne, archevêque
de Toulouse, contrôleur général des finances.
Convocation des notables, 1788. Buste de
Louis XVI et légende. AR. *FDC.* 10 »

504 — Société archéologique du Midi, 1831. *TB.* 1 50

504 *bis*. — Jeux floraux, 1754. Buste de Clémence
Isaure. AR. *FDC.* 5 »

505 *Montauban*. « Mandiant de Montauban ». Ŗ.
Armes de la ville (Epoque de Louis XIV). *B.* 10 »

506 Isaac de Souillac, comte du Bourg. Ses armes et
monogramme couronné. Octog. *TB.* 3 50

ROUSSILLON

507 Paillofes de Perpignan aux types de saint Jean-
Baptiste, de saint Pierre, à l'Agneau pascal, à
l'étoile, etc. La plupart de ces méreaux-brac-
téates sont surfrappés. *TB.* à 2 »

PROVENCE

508 Côme de Valbelle, grand sénéchal de Marseille.
Ses armes et la Fortune sur une roue. *TB.* 5 »

509 — Deux écus aux armes de Valbelle sous une
couronne. Même revers, mais à l'exergue, 1721.
Usé. 1 »

510 *Marseille*. Illumination établie par les soins de
MM. les Maire, Echevins et Assesseur en 1785
et 1786. Armes de la ville. Ŗ. Coq et phare

orné du portrait du maire ; dans le lointain, la
ville.   *FDC.*   12   »

510 *bis.* — Compagnie royale d'Afrique, 1774. Buste
de Louis XV. R⁄. AVCTA.LYBICIS OPIBVS
MASSILIA. L'Afrique assise, à g., sur un rocher
au bord de la mer, sur laquelle on voit trois
vaisseaux. Æ. octog.   *FDC.*   20   »

511 — Chambre de commerce, 1775. Æ. octog. *TB.*   10   »

511 *bis.* — Société de médecine. Buste d'Esculape. Coin
de Dubois.   *TB.*   3   50

512 *Aix.* Séjour d'Alexandre, empereur des Russies,
1818.   *TB.*   2   »

AUVERGNE

513 *Clermont* (Évêché). Joachim d'Estaing, 1619. Ses
armes. R⁄. Pélican avec ses petits.   *TB.*   5   »

514 — Louis d'Estaing, 1653. Ses armes. R⁄. Saint
François d'Estaing, évêque de Rodez.   *TB.*   5   »

515 — Gilb. de Veiny d'Arbouze, 1666. Ses armes.
R⁄. Poule défendant ses poussins contre un oiseau de proie.   *AB.*   2   »

516 — François Bochart de Saron, 1693. Ses armes.
R⁄. Vaisseau.   *TB.*   2   »

517 — J.-B. Massillon, 1719. Ses armes. R⁄. Vaisseau.   *TB.*   3   »

518 *Rodez* (Évêché). Joachim-Joseph d'Estaing-Sail-
lant, 1694. Ses armes. R⁄. Pélican avec ses
petits.   *B.*   4   »

519 *Riom.* De Combe, prévôt de la Monnaie du duc
de Berry, 1693.   *TB.*   2   »

520 René de Marillac, chevalier, comte du sacré
Consistoire. Ses armes. R⁄. HOC.PHOEBO.
HIS.AVIBVS. Calice posé sur un socle écra-
sant l'hydre ; à l'exergue, 1686.   *B.*   15   »

BERRY

521 *Bourges.* Louis XIII, 1635.   *B.*   1   50

522 — A. Bigot, maire, 1643.   *B.*   3   »

523 *Bourges* (Archevêché). Anne de Levis de Venta-
dour, 1655. Son buste et ses armes.　　　*TB.*　　4　»

524 — Jean de Corbon de Montpezat, 1666. Ses armes
et saint Étienne à genoux.　　　　　　*B.*　　4　»

525 — Michel Phelippeaux, 1680. Son buste et ses
armes.　　　　　　　　　　　　　*B.*　　2　»

526 — Léon de Gesvres, 1694. Son buste et ses armes.
　　　　　　　　　　　　　　　　TB.　　3　»

527 — Fr.-J. de Roye de La Rochefoucauld, 1729.
Son buste et ses armes.　　　　　　　*B.*　　3　»

528 — G.-L. Phelippeaux, 1757.　　　　*B.*　　2　50

529 — Vicaires de Saint-Étienne. 4 deniers au buste
de saint Étienne entre deux fleurs de lis.　*TB.*　15　»

530 André Félibien, seigneur des Avaux et de Javercy,
1695. Son buste, à g. ℞. Ses armes et celles
de sa femme, Marguerite Lemaire.　　　*B.*　　5　»

531 Arm. de Pré, seigneur de Lovaville, et M.-Fr. Félibien, son épouse, 1710. Leurs armes. Même
revers que le précédent.　　　　　　*B.*　　8　»

532 Même avers. ℞. J. de Bruet, seigneur de la Ches-
nais, et Marie-Anne Félibien, 1700.　　*AB.*　　5　»

533 *Blois.* Maison commune sous Henri IV.　*B.*　1　50

534 — Maison commune sous Gaston de France.　*B.*　3　»

535 —　　　　　—　　　　s. d et 1630 sous Louis XIII.
　　　　　　　　　　　　　　B. à　2　»

536 — Chambre des comptes sous Louis XIII.　*B.*　1　50

537 — Pierre Boucherat, échevin, 1775. Æ.　*TB.*　12　»

538 Phélippeaux, famille du Blésois. Voir n° 392.

539 *Henrichemont.* Max.-F. de Béthune, duc de Sully.
Son buste et ses armes.　　　　　　*B.*　　3　»

BOURBONNAIS ET NIVERNAIS

540 *Moulins.* Bonnet Bardonnet, maire. S. d. Æ. *TB.*　20　»

541 — Fr.-Cl. Cadier, baron de Veauce, 1666. Æ.
　　　　　　　　　　　　　　　TB.　20　»

542 — Volontaires de l'Allier. Vivre libre ou mourir.
Bouton.　　　　　　　　　　　　*B.*　　2　»

543 Marie d'Albret, duchesse de Nevers. Ecu écartelé.
R⁄. Bâtons noueux enlacés avec des plumes. *AB.*   8   »

544 Cath. de Guise-Mayenne, duchesse de Nevers,
1608. Ses armes. R⁄. Mains jointes entre deux
rameaux.   *AB.*   8   »

545 Fondation de Louis de Gonzague et Henriette de
Clèves, 1587, 1606, 1621, 1634, 1636, 1640,
1641, 1649, 1651.   *B.* à   2   »

546 — 1688 et 1722. Æ.   *FDC.* à   7   »

547 — Imitation allemande.   *B.*   2   »

548 *Nevers* (Ville), 1592. Ecu de la ville et main
tenant sept flèches.   *B.*   2 50

LYONNAIS

549 *Echevins et prévôts :* H. de Poncy, 1661 (P. 11).
— F. Lumague, s. d. (P. 14). — Cl. Cachet,
1670 (P. 28). — J.-Fr. Philibert, 1672 (P. 34).
B. à   6   »

550 — Dulieu, 1692 (P. 61).   *B.*   2   »

551 — B. Cachet de Montesan, premier président au
Parlement des Dombes, 1705 (P. 86).   *B.*   5   »

552 — Ravat, 1709 (97), 1711 (101), 1713 (105). *B.* à   1 50

553 — Albanel, etc., 1717 (115).   *TB.*   4   »

554 — Dugas, 1725 (129), 1727 (130) et 1729 (131).
B. à   2   »

555 — Perrichon, 1733 (135), 1735 (137), 1737
(139).   *TB.* à   2   »

556 — Claret, 1743 (146) et Riverieulx de Varax,
1745 (148) et 1749 (151).   *B.* à   1 50

557 — Deschamps, Ravachol, etc., 1747 (150).   *B.*   2   »

558 — P. Dugas, 1751 (153).   *TB.*   3   »

559 — Flachat, 1753 (154), 1755 (157) et 1763 (166).
TB. à   1 50

560 — A. Rambaud, 1769. Æ.   *TB.*   7   »

561 — J.-A. Chirat, 1771. Æ.   *TB.*   8   »

562 Académie des lettres, 1700. Æ.   *TB.*   3   »

563 Société des instituteurs sous Louis XVI. Æ. *TB.*   4   »

564 Chambre de commerce, 1706 et 1717.   *TB.* à   1 50

565 —   —   s. d. Æ.   *TB.*   3 50

566 Drapiers, 1755. Æ.   *TB.*   6 »
567 Chapeliers, 1764. Æ.   *TB.*   7 »
568 Notaires, 1805 et 1812. Æ.   *TB.* à   6 »
569 Avoués, s. d. (Coin de Mercié de Lyon). Æ. *TB.*   8 »
570 Affinages, 1744.   *TB.*   5 »
571 Posuel de Verneaux. Voir n° 268.
571 *bis*. Soc. d'agriculture, d'histoire naturelle et arts
      utiles, 1821. Buste de Rozier. Æ.   *TB.*   5 »

BRESSE, FOREZ ET DOMBES

572 *Belley*. Chapitre Saint-Jean. Méreau à l'agneau,
      2 var.   *TB.* à   2 »
573 — Chapitre Saint-Jean. Méreau au saint Jean de-
      bout.   *B.*   2 »
574 — Chapitre Saint-Jean. Méreau à la tête de saint
      Jean.   *B.*   2 »
575 Jullien du Viviers, s. d. Armoiries et mono-
      gramme. Octog.   *TB.*   5 »
576 AVE.MARIA.MARIA. Boulet enflammé. ℞.
      AVE.MARIA.MATER. Croix.   *B.*   8 »
577 Fr. de Bourbon, duc de Montpensier, 1585. Ses
      armes. ℞. Arion sur le dauphin.   *B.*   8 »
578 Anne-Marie-Louise d'Orléans, fille de Gaston,
      1633. Ses armes. ℞. Grenade.   *B.*   4 »
579 La même, 1635 et 1637.   *B.* à   2 »

DAUPHINÉ ET SAVOIE

580 Chambre des comptes, xvᵉ siècle.   *B.*   2 »
581 *Vienne*. Méreau du chapitre de Saint-Maurice.
      Monogramme du Saint. ℞. ⁂ ✠ ⁂ LI ⁂ CLE-
      RICORVM ⁂ VIEИИE✿. Croix tréflée (Comp.
      Roman, n° 22).   *B.*   12 »
582 Ecu de Savoie. ℞. Croix fleurdelisée.   *B.*   10 »
583 Ecu penché et heaumé. ℞. Croix coupant la
      devise FERT.   *B.*   2 »
584 Ecu penché, heaumé et accosté de FERT. ℞.
      Y.P.S; au dessus, trois fleurs de lis.   *B.*   20 »

585 ✠ DOMINE : LABIA : MEA : A : Ecu de Savoie.
 ℞. ✠ IN : PRINCIPIO : ERAT : ..... Aigle.
          TB. 20 »

586 Chambre des comptes de Savoie, 1566. Ecu couronné. ℞. Enfant debout sur un écusson. *B.* 25 »

587 Charles-Emmanuel de Savoie, 1567. Son buste, à
 g. ℞. Sarcophage. *AB.* 15 »

588 J.-B. Costa, comte du Villards. Ses armes ; à
 l'exergue, le nom du graveur Breton. ℞. AR-
 CENTVRVBI LVCET. Le Soleil repoussant les
 foudres que tient une main, au dessus d'un jardin. *TB.* 25 »

BOURGOGNE

589 ✠ VIVE*BOVRGONGN*VIVE. Briquet
 et bâton enflammé. ℞. ✠ VIVE*BOVR-
 GONGNE*VIVE***. Croix fleurdelisée
 dans un quadrilobe. *B.* 4 »

590 ✠ GETES : CEVREMENT : GETES.
 Mêmes types. ℞. Croix feuillue dans un quadrilobe. *TB.* 5 »

591 Variété du précédent. *B.* 4 »

592 ✠ IETTES*SEVRMENT*IETTES. Briquet et étincelles. ℞. VIVE·LE·ROI·VIVE·
 LE·ROI. Croix feuillue. *B.* 4 »

593 ✠ AVE*MARIA*GRASIA*PLENA*.
 Briquet et bâton enflammé. ℞. GETTEST
 SEVREMENT·GETTES. Croix feuillue
 cantonnée de quatre rosaces. *B.* 5 »

594 ‡ GETTOIRS ‡ DV ‡ BVREAV ‡ DE ‡
 MONS ‡ LE ‡ DVC. Ecu de Bourgogne.
 ℞. QVI ‡ BIE ‡ GETERA ‡ LE ‡ COM-
 TE ‡ TROVERA. Briquet et bâton enflammé. *B.* 6 »

595 François I. Chambre des comptes de Dijon, 1521.
 Grand F couronné entre deux lis. ℞. Salamandre couchée sous une couronne. *TB.* 20 »

596 — Avers semblable. ℞. DNI·NOSTRI RE-

GIS·DIVIONI: Ecu couronné et entouré du
collier de l'ordre de Saint-Michel. *B.* 10 »

597 — Chambre des comptes, 1540. *B.* 10 »
598 Henri II. Chambre des comptes, 1554. *B.* 6 »
599 Charles IX. Chambre des comptes, 1569. *AB.* 5 »
600 Louis XIV. Chambre des comptes, 1648. *TB.* 2 »
601 Parlement de Bourgogne, 1645. *B.* 2 »
602 *Etats.* 1591, 1602 et 1605. *B.* à 6 »
603 — 1619, 1623, 1627, 1630, 1639, 1645, 1648,
1651, 1653, 1657, 1659, 1662, 1665, 1668,
1671, 1674 (2 var.), 1676, 1677, 1678, 1680,
1682, 1686, 1688, 1692, 1694, 1698, 1701,
1704, 1707, 1710, 1713, 1715, 1719, 1722,
1725, 1728, 1731, 1735, 1737, 1740, 1743,
1746, 1749 et 1752. Selon la conservation et
la rareté. 1 à 2 »
604 — 1688. Le roi, en Hercule, debout sur un champ
de bataille. Æ. *B.* 6 »
605 — 1694. Navire à l'ancre. Æ. *B.* 6 »
606 — Louis XV, 1758. Æ. *TB.* 6 »
607 — Louis XVI, 1782. Æ. *FDC.* 7 »
608 *Elus.* Ph. Baillet, doyen de Notre-Dame de
Beaune, 1623. *B.* 4 »
609 — Fr. de Gissey, 1623. *B.* 5 »
610 — G. de Gadagne d'Hostun, comte de Verdun,
1695. Ses armes et autel. *TB.* 4 »
611 — Le même. Ses armes et celles de la province.
TB. 5 »
612 — J. Julien, secrétaire, 1695. *B.* 6 »
613 — F. Sonois, maire de Nuits, 1701. *TB.* 3 »
614 — J. de la Ramisse, 1704. *TB.* 3 »
615 — Ant. de Sercey, comte d'Arconcey, s. d. Ecu
de Bourgogne. *B.* 5 »
616 — Antoine de Sercey, comte d'Arconcey, 1707.
Navire. *TB.* 6 »
617 — Fr. Chartraire de Montigny, 1707. *TB.* 4 »
618 — Ph. de Challemoux, maire de Bourbon-Lancy,
1707. *TB.* 6 »

619 — Cl. Lemulier, maire de Semur, 1710. Æ. *TB.*   10 »

620 — Le même.   *TB.*   5 »

621 — Cl. Mielle, procureur au Parlement, 1710. *B.*   6 »

622 — Cl. Vitte, 1710.   *TB.*   8 »

623 — R.-C. de Pons, seigneur de Verdun. *B.* 2 »*TB.*   4 »

624 — L., marquis de Vienne, baron de Château-
Neuf.   *TB.*   4 »

625 — Fr. de la Tournelle, seigneur de Cussy, 1737.
   TB.   8 »

626 — Pernot d'Escrots, général de l'ordre de Ci-
teaux, 1746.   *TB.*   8 »

627 *Maires de Dijon.* Jacques Laverne, 1566.   *B.*   10 »

628 — Hugues Tisserand, 1569.   *AB.* 6 » *B.*   10 »

629 — Guill. Royhier, 1584.   *B.*   8 »

630 — P. Bouhier, 1584.   *TB.* 6 » *B.*   4 »

631 — Jacques Laverne, s. d. (1587), 1590, 1591 et
1592.   *B.* à   4 »

632 — B. Fremiot, 1597.   *B.*   3 »

633 — J. Jacquinot, 1600.   *TB.*   3 »

634 — J. de Frasans, 1603, 1604; E. Joly, 1605;
J. Perrot, 1606; E. de Loisie, 1607; J. de Frasans, 1608; E. Humbert, 1610; N. Humbert,
1611, 1612; J. Bossuet, 1613, 1614; E. Joly,
1615, 1616; E. Arviset, 1616, 1617; P. Four-
neret, 1618; J. Venot, 1619, 1620; B. Le Com-
passeur, 1621, 1622; J. Tisserand, 1623, 1624;
J. de Frasans, 1625, 1627; E. Humbert, 1627,
1628; B. Euvrard, 1629; J. de Frasans, 1631,
1632, 1633; J. Tisserand, 1635; F. Moreau,
1636, 1637, 1638; J. de Frasans, 1638, 1639;
R. Perret, 1640; P. Terrion, 1641, 1642; P.
Comeau, 1643, 1644, 1645; J. Soirot, 1645,
1646; C. Bossuet, 1647; Ch.-E. de Mongey,
1649; M.-A. Millotet, 1651 (2 var.); F. Male-
teste, 1652; M.-A. Millotet, 1653; J. Soirot,
1654; M.-A. Millotet, 1654; J. Siredey, 1655;
P. Comeau, 1657, 1658, 1659; H. de la Croix,
1660, 1661; J. de Frasans, 1662; P. Guillaume,

1663; B. Boulier, 1665, 1666; J. Joly, 1667,
1669; B.-P. Baudinot, 1675; P. Monin, 1678;
B.-P. Baudinot, 1680; J. Joly, 1681; M. de
Badier, 1685, 1686; J. Joly, 1689 (2 var.); Fr.
Baudot, 1691; Ph. Jannon, 1693; Fr. Baudot,
1694, 1701; J. Clopin, 1705; N. Labotte,
1713; E. Baudinet, 1716, 1719, 1722 (2 var.),
1725, 1727; Ph. Baudot, 1730; J.-P. Burteur,
1733, 1736, 1739, 1742, 1745, 1748; Cl. Mar-
lot, 1751; N.-Cl. Rousselot, 1763, 1766; G.
Raviot, 1772, 1775. Selon la rareté et la conservation. 1 à 2 »

635 — J.-P. Burteur, conseiller au Parlement, 1742.
AR. FDC. 8 »

636 — Guill. Raviot, 1772. AR. TB. 6 »

637 — L. Moussier, 1787. AR. TB. 12 »

638 — Th. Morelet, 1821. Fêtes données à l'occasion du baptême du duc de Bordeaux. AR.
Troué. B. 4 »

639 Sainte-Chapelle de Dijon, 1579. Ecu à la palme.
R̷. Le roi Henri III debout. B. 4 »

640 *Auxonne*. Etats du comté, 1583. Armes d'Auxonne
et de France. B. 5 »

641 — Laverne, maire, 1617. Armes d'Auxonne et
guenon assise. TB. 6 »

642 — L. de Jurain, maire, 1621. Armes d'Auxonne
et gerbe. B. 4 » TB. 7 »

643 *Avallon*. Société mélophile, 1787. AR. TB. 5 »

644 — Société mélophile, 1787. Rare. AB. 1 50

645 *Beaune*. Maires : E. de Lamare, 1654; Ph. Pari-
got, 1658; P. Chevignard, 1660; J. Berardier,
s. d.; Lorenchet, 1670; P. Tixier, 1673; J.-B.
de La Mare, 1677; P. Gillet, 1719. Selon la
rareté. B. 2 à 4 »

646 Collégiale de Notre-Dame de Beaune. XIIII deniers du chapitre. Troué. B. 2 »

647 — 1583. Vierge et margelle. AB. 3 »

648 *Chalon-sur-Saône* (Évêché). N. de Neufchèze,
    1643. Ses armes et saint Vincent debout.   *AB.*   10   »

649 *Sens.* Armes de la ville. ℞. SIC.NOSTRA.VI-
    RET.FIDVCIA.CONCORS.1579. Deux mains
    jointes tenant trois flèches.   *B.*   8   »

650 — Juge et consuls, 1766, sous Louis XV. Æ.*TB.*   6   »

651 — Juge et consuls, 1766, sous Louis XVI. Æ.
                                FDC.   5   »

652 L.-C. Crémeaux, marquis d'Entragues, gouver-
    neur du Mâconnais, s. d.   *TB.*   8   »

653 Le même. Octog.   *B.*   5   »

654 A.-Fr. Ferrand, maître des requêtes, intendant en
    Bourgogne et en Bresse, 1701.   *TB.*   5   »

655 Pierre Grassin, baron d'Arcis et Dieuville-sur-
    Aube, seigneur de Mormant, et Charlotte du
    Puis d'Igny. Leurs bustes. Æ.   *FDC.*   18   »

656 Mercier, nourrice du dauphin (Louis XV). S. d.
    Octog.   *TB.*   3   »

657 Ch. de Stainville, seigneur de Pouilly-sur-Saône,
    1567. Ses armes et Génie sur un lion couché
    (Florange. Jetons de Ch. de Stainville, seigneur
    de Pouilly, 1895).   *TB.*   50   »

658 M. Surmain, conseiller du roi, à Auxonne, 1657.
                                B.   4   »

659 Henri de Guise-Mayenne, né à Dijon. Ecu cou-
    ronné. ℞. Oiseau de paradis.   *B.*   8   »

FRANCHE-COMTÉ

660 Chambre des comptes de Besançon, 1545, 1581,
    1626 et 1631.   *B.* à 4   »

661 Co-gouverneurs : Tinseau, 1666; Chifflet, 1666;
    Mareschal d'Audeux, 1667; Monnier, 1667. *B.* à 4   »

662 Prise de Besançon par Louis XIV, 1674. *TB.*   2   »

663 Conquête de la Franche-Comté, s. d, (1674). *B.*   1 50

664 *Dôle.* Chambre des comptes, 1591.   *B.*   5   »

665 *Salins.* Saulnerie, 1540 et 1557.   *B.* à 3   »

ARTOIS ET PICARDIE

666 *Etats*, 1705, et s. d. (Louis XV). TB. à 0 50
667 *Arras*. Robert de Melun, marquis de Roubaix,
     gouverneur, s. d. (1585). TB. 30 »
668 — Paix désirée par Louis XIV, 1656. B. 1 50
669 — Chapitre. 4, 3 et 2 deniers, s. d. B. à 1 »
670 E. de Lalaing, marquis de Renty, et Anne de
     Croy, 1586. Leurs armes. TB. 12 »
671 *Térouanne*. Méreau avec écu à trois mitres. B. 4 »
672 *Amiens*. S. d. (Henri III, Louis XIII, Louis XIV),
     et 1680. B. à 1 »
673 — Chambre de commerce, 1761. Port de Saint-
     Valéry-sur-Somme. Æ. TB. 4 »
674 *Bapaume*. Prise par le maréchal de la Meilleraye,
     1641. AB. 2 »
675 *Béthune*. Méreau de Saint-Barthélemy. Usé. 1 »
676 *Péronne*. Echec des troupes espagnoles, 1656. 2
     var. B. à 3 »
677 *Saint-Omer*. J.-A. de Valbelle, évêque, 1723. Ses
     armes et la Fortune debout sur une roue. TB. 2 »
678 — Méreau ecclésiastique, 1526 et 1716. B. à 3 »
679 Langlois de Septenville. Voir n° 97.
680 Louis de Roussi, seigneur de Sissonne, 1654. Ses
     armes et femme assise. B. 6 »

HAINAUT, FLANDRE ET CAMBRÉSIS

681 *Etats*, 1582, 1585, 1644 (Armes de Bucquoy et
     de Croy). B. à 1 50
682 *Valenciennes*. Prise de la ville et de celle de Condé,
     1657. TB. 1 50
683 — Etats, 1758, sous Louis XV. Æ. 2 var. TB. à 3 »
684 — — 1785, sous Louis XVI. Æ. FDC. 4 »
685 — Eglise de Saint-Pierre, 1733. B. 1 50
686 — Soc. de bienfaisance des Incas, 1840. Marche
     triomphale. TB. 2 »
687 — Soc. de bienfaisance des Incas, 1866. 40°
     anniversaire. TB. 3 »

688 *Charleroi*. Construction de la citadelle, 1667. Æ.
FDC.   15   »

689 — Délivrance de la ville par Louis XIV, 1677.
TB.   3   »

690 *Tournai*. Méreau de Notre-Dame, 1574, 1580 et
1593.   B. à   2   »

691 — États : s. d. Paix d'Utrecht, 1714. Æ.   TB.   5   »

692 — Prise de la ville, 1581. — Traité de 1660.   B. à   2   »

693 Fr. Rasse, seigneur de la Hargerie ; s. d. Ses
armes et saint Jean-Baptiste.   TB.   2   50

694 Jetons variés de fabrique tournaisienne.   B. à   0   50

695 *États de la Flandre wallonne*. S. d. (Louis XVI).
Æ. octog.   TB.   5   »

696 *Anzin* (Mines). 30 sous, 1820.   TB.   3   »

697 *Cambrai*. Six deniers monnaie.   B.   3   »

698 — Chapitre. Six deniers à la Vierge.   B.   2   »

699 — — Deux deniers à la Vierge.   B.   1   50

700 — Collégiale de Saint-Géry. Méreau.   B.   2   »

701 — Louis XV. Tête ou buste du roi. Ŗ. Armes
de la ville. Æ.   TB. à   3   50

702 — Louis XVI. Mêmes types. Æ.   TB.   4   »

703 — Délivrance de la ville par le duc d'Alençon,
1581. Æ.   TB.   12   »

704 — Jean de Monluc, seigneur de Balagny, gouverneur. Ses armes et celles de sa femme, Renée d'Amboise.   TB.   20   »

705 — Société de bienfaisance, 1839. Étain.   B.   2   »

706 *Cysoing*. Armes de l'abbé Vranx d'Amelin (de
Tournai) et de l'abbaye, 1661.   B.   3   »

707 *Lille*. Bureau des finances, 1523. Sphère sur une
roue.   B.   3   »

708 — Bureau des finances, 1540. Buste de Charles-
Quint.   B.   1   50

709 — Chambre des comptes, s. d. Buste de Charles-
Quint.   B.   2   »

710 — Chambre des comptes, 1560. Philippe II et
Isabelle de Valois. Écu losangé et parti d'Espagne et de France.   TB.   5   »

711 — Etats, 1588, 1621, 1634 et s. d. (Philippe IV).
B. à 1 »

712 — Etats, 1667 et s. d. Bustes de Louis XIV et
Marie-Thérèse d'Autriche. TB. à 1 50

713 — Etats, 1677, 1697 et 1713, au buste de Louis
XIV. B. à 1 »

714 — S. d. et 1737, au buste de Louis XV. TB. à 1 »

715 — Paroisse Sainte-Catherine. Administration des
biens des pauvres, 1776. Æ. TB. 6 »

716 — Consécration de Jos.-Clément de Bavière,
archevêque de Cologne, 1707. TB. 3 »

717 — Défense de la ville, 1708. 20 sols. B. 1 »

718 — — 1708. 10 sols. B. 2 »

619 — Chapitre de Saint-Étienne. Méreau de 1637.
B. 5 »

720 — Visite de Lille par Napoléon III. Æ. module
de dix centimes. FDC. 10 »

721 *Anchin*. Chambre des comptes, 1612. Armes de
l'abbé Jean Faveau. R/. Ecu de l'abbaye. TB. 20 »

722 *Vieux-Condé*. Jeton d'Hercheur. Métal de cloche.
TB. 3 »

CHAMPAGNE

723 *Reims* (Archevêché). Charles de Lorraine-Guise,
s. d. Ses armes. R/. Vigne grimpant autour
d'un tuteur. Æ. TB. 55 »

724 — Le même, en cuivre. TB. 10 »

725 — Louis II de Lorraine-Guise, 1581, 1583, 1584
et 1588. Ses armes et autel. B. à 5 »

726 — Le même, s. d. Ses armes et légende dans une
couronne. Très rare. B. 20 »

727 — Louis III de Lorraine-Guise, 1609. Ses armes
et autel. TB. 10 »

728 — Le même, 1614. Ses armes. R/. Couronne sous
un chapeau de cardinal. Æ. FDC. 40 »

729 — Même jeton en cuivre. TB. 8 »

730 — Le même, 1618. Ses armes et celles de l'abbaye de Cluny. B. 20 »

731 — Ant. Barberini, 1656. Son buste et tige de lis.
                                                 TB.   4   »

732 — Méreau ecclésiastique (20 sols), 1632.   *B.*   7   »

733 — Jeton de présence au buste de l'archevêque Charles, cardinal de Guise, fondateur de l'Université, 1756. Æ.   *TB.*   7   »

734 — Le même, en cuiv.   *B.*   3   »

735 — Méreau gothique à l'R.   *B.*   6   »

JETONS ET MÉDAILLES DU SACRE

736 Louis XIII. Buste du roi. R⁄. Dextre divine tenant la Sainte-Ampoule au dessus de la ville, 1610. 24 gr.   *TB.*   30   »

736 *bis.* La même pièce, plus petite. 6 gr.   *TB.*   16   »

737 Variété en cuivre.   *B.*   2   »

738 Louis XIV. Buste du roi. R⁄. Le Saint-Esprit tenant la Sainte-Ampoule au dessus de la ville, 1654. 18 gr. avec bélière.   *TB.*   18   »

739 Même pièce plus petite.   *B.*   1 50

739 *bis.*   —   —   6 gr.   *TB.*   6   »

740 Louis XV. Buste du roi. R⁄. La cérémonie du sacre, 1722. Coin de Roettiers. 6 gr.   *FDC.*   5   »

741 — Mêmes types. 42 mm.   *FDC.*   4   »

742 —   —   3 variétés.   *B.* à 0 50

743 Louis XVI. Son buste. R⁄. Allégorie du sacre, 1775. 37 gr. Coin de Duvivier.   *TB.*   15   »

744 — Même médaille plus petite. 24 gr. Coin de Duvivier.   *B.* 6 » *FDC.*   10   »

745 — Même médaille plus petite. 15 gr. Coin de Gatteaux.   *FDC.*   8   »

746 — Même médaille plus petite. 12 gr. Coin de Léonard.   *B.* 5 » *TB.*   7   »

747 — Son monogramme couronné. R⁄. Légende dans une couronne. 41 mm. Troué.   *B.*   8   »

748 Charles X. Son buste. R⁄. Le roi à genoux devant l'archevêque, 1825. 76 gr.   *TB.*   20   »

749 — Mêmes types. 2 gr.   *TB.*   1 50

750 —   —   21 mm.   *B.*   1 50

751 — Le roi assis. 35 mm. TB. 1 »
752 — Légende dans une couronne. 42 mm. FDC. 4 »
753 *Arcis-sur-Aube* (?). Croix et crosse. R/. A|R|C|I
dans les cantons d'une croix. Méreau en étain. B. 20 »
754 *Châlons-sur-Marne.* Monnayeurs, 1591. Buste
d'Henri IV. R/. Intérieur de la Monnaie. Æ.
TB. 25 »
755 *Meaux*, 1660. B. 1 50
756 *Troyes.* Arquebusiers sous Louis XVI. Æ. TB. 7 »
757 — Soc. de consommation de l'Est. 10 centimes.
TB. 2 »
758 H.-L. Habert, seigneur de Montmort. Ses armes,
1639. R/. H.-J. de Buade de Frontenac. Ses
armes. Cuiv. argenté. TB. 20 »

SEDAN ET BOUILLON

759 Fr.-Maur. de la Tour d'Auvergne. Ses armes. R/.
Tour au milieu des flots, 1655. B. 15 »
760 Godefroid III. Son buste. R/. Cour souveraine de
Bouillon, 1788. Æ. octog. TB. 15 »
761 Donchéry. 10 cent. Étain. B. 1 »

LORRAINE ET ÉVÊCHÉS

762 Antoine. Croix de Jérusalem. R/. Bras armé. TB. 10 »
763 Charles III. Jetons à types variés. B. 1 à 3 »
764 Henri II. Son mariage avec Marg. de Gonzague,
1606. B. 5 »
765 — Chambre des aides, 1612 et 1616. B. à 5 »
766 Charles IV. Chambre des aides, 1630. Écu couronné. R/. Cigogne, sac rempli d'argent, etc.
Æ. de la plus grande rareté. FDC. 70 »
767 — Son buste et vue de Nancy. B. 3 »
768 — Chambre des comptes, s. d. et 1662. B. à 2 50
769 Charles V. Prise de Bude, 1686. TB. 1 50
770 Anne de Lorraine, duchesse d'Arschot, princesse
d'Orange. S. d. Monogramme et croix de Jérusalem. B. 6 »

771 Léop.-Clément. Son entrée à Nancy, 1714. *TB.* 2 »

772 Charles-Alexandre, gouverneur des Pays-Bas. R⨎.
Navire, 1754. Æ. *FDC.* 8 »

773 — R⨎. L'hôtel des Monnaies de Bruxelles, 1756.
Æ. *FDC.* 10 »

774 — R⨎. Pyramide, 1758. Æ. *TB.* 7 »

775 — Jubilé de vingt-cinq ans de gouvernement,
1769. Æ. *FDC.* 7 »

776 — La Société Caroline de musique à Bruxelles,
1769. Æ. *FDC.* 8 »

777 Anne-Caroline, sœur du précédent. Son arrivée
aux Pays-Bas, 1755. *TB.* 4 »

778 Catherine de Lorraine-Aumale, troisième femme
de Nicolas de Lorraine-Mercœur. + GETZ DV
BVREAV DE LA DVCHESSE DE MERCR.
Chiffre couronné; au dessous, 1570. R⨎. Ecu
écartelé et couronné. Troué. Très rare. *B.* 20 »

779 Henri de Lorraine, marquis de Moy, 1627. Ses
armes. R⨎. Arion sur un dauphin. *TB.* 12 »

780 Intendance de Lorraine et des Trois-Evêchés,
1660. Æ. *B.* 25 »

781 *Metz.* Jeton de 1610 à l'écu de la cité et aux armes
de France et de Navarre. Coin de Briot. *B.* 8 »

782 — Cour du Parlement sous Louis XIV. *B.* 5 »

783 — Baptême du fils de l'intendant de Caumartin,
1754. *TB.* 3 »

784 — Jeton de présence de l'Académie au buste du
gouverneur, le duc de Belleisle, 1760. Æ. *B.* 12 »

785 — P. de Rissan, échevin, 1700. Æ. *FDC.* 18 »

786 N. de Corberon, premier président d'Alsace, né à
Metz. Son mariage avec Fr.-S. de Landreau,
1730. Leurs armes. R⨎. Deux flambeaux ardents.
TB. 25 »

787 *Metz* (Evêché). N. Coeffeteau, administrateur, né à
Saint-Calais (Sarthe). Jeton de 1620 à ses armes
et à celles de l'évêque, Henri de Verneuil. *AB.* 15 »

788 — Siège vacant de 1697. Buste de saint Etienne
et armes du chapitre. *B.* 8 »

789 *Montmédy*. Prise de la ville, 1657.   B.   1   »
790 — Jeton du conseil du roi, 1658, relatif à la prise
    de la ville. Æ.   TB.   6   »
791 *Nancy*. Hôtel de ville, 1617 à 1733.   B. 2 à 3 »
792 A.-H. de Rosset, duc de Fleury, gouv. de Lor-
    raine et du Barrois, s. d.   B.   2   »
793 A. de Chaumont de la Galaisière, intendant de
    Lorraine, s. d.   B.   2   »
794 *Vaudémont*. François II de Lorraine, s. d.   B.   4   »
795 *Verdun*. Chambre des comptes, 1584. Buste et
    armes de l'évêque N. Bousmard.   TB.   28   »
796 — Jeton aux armes de l'évêque Erric de Lorraine,
    1596.   TB.   30   »

ALSACE

797 *Strasbourg*. Prise de la ville, 1681.   B.   3   »
798 — Arrivée de l'impératrice Marie-Louise, 1810.
    Æ., avec lettre d'envoi du maire en date du
    10 avril 1810.   TB.   10   »
799 — Jubilé religieux, 1817. Æ.   TB.   3   »
800 — Jubilé religieux, 1817. Etain. 2 var.   TB. à   3   »
801 — Fête de la Constitution, 1848.   B.   2   »
802 — Visite de l'empereur d'Allemagne et de sa
    femme, 1889. Æ.   FDC.   4   50
803 Le général Kléber. Sa mort. Son buste, à g. R̸.
    Légende. Æ.   B.   15   »
804 *Colmar*. Inauguration de la statue Bruat, 1864,
    et de celle de Rapp, 1856. Etain.   B. à   3   »

JETONS PERSONNELS

805 P. de Baissiere, 1675.   B.   3   »
806 Jeanne de Bloys de Treslon et Ph., sire de Croy,
    duc d'Arschot, 1585 (Dugn. 3032).   B.   6   »
807 J.-P. de Bombarde, trésorier gén. des finances de
    Maxim.-Emmanuel de Bavière, 1699. Son buste
    et celui de sa femme, G.-M. Cloots (Dugn.
    4659). Coin de Roussel.   B.   4   » TB.   8   »
808 B. Bunelle, marchand à Paris, 1710.   B.   1   50

809 Le Fèvre de Caumartin, intendant à Metz. Bap-
    tème de son fils, 1754.   *TB.*   3   »

810 Cardinal Chigi, légat du pape. Son entrée à Paris,
    1664.   *B.*   1 50

811 Cl. Choquet, marchand à Paris, 1707.   *B.*   5   »

812 A. Clergé, marchand à Paris, 1706.   *B.*   5   »

813 N. Coudray, 1645.   *TB.*   3   »

814 J. Fidel et Jean Lanber, 1678.   *B.*   2   »

815 D. Fillau, secrétaire du prince de Condé, 1611.
    Ses armes. R⳹. Deux torches unies par des
    nœuds. Coin de N. Briot.   *TB.*   10   »

816 Fouquet, duc de Belleisle, 1760. Son buste. R⳹.
    Trois Génies debout. Æ.   *B.*   12   »

817 N. Gencian, bourgeois de Paris, 1576. Ses armes.
                          AB. 3 » *B.*   8   »

818 Fr. Guiot, marchand à Paris, 1742. — Hazot,
    1722. — Ch. Le Clerc, 1742.   *B.* à 2   »

819 *Langeac (M.-Royer, comte de).* Ses armes accolées
    à celles de sa femme, J.-M. Palatine de Dio de
    Montpeiroux, sur un cartouche couronné; à
    l'ex. : 1725. R⳹. PRIVO DITE MORIRO.
    Oranger dans sa caisse, posé dans une cam-
    pagne (Auvergne).   *TB.*   20   »

820 J. Lingée, marchand au palais, 1720. Octog. *B.*   5   »

821 Ch. de Lorraine, duc de Guise et pair de France,
    1600. Ses armes. R⳹. Au milieu d'une gloire,
    colonne supportant un livre ouvert.   *B.*   8   »

822 C. Malier, seigneur du Houssai, conseiller d'Etat
    et intendant des finances, 1625 (Touraine). *B.*   3   »

823 Cardinal Mazarin, 1651. Ses armes. R⳹. La fronde.
                           B.   3   »

824 Mme de Pompadour. Vue de son château de Belle-
    vue. Æ. octog.   *B.*   15   »

825 N. Rapiout et Louis de Saintyon, syndics de la
    Boucherie, 1576. Leurs armes.   *B.*   7   »

826 Cardinal de Richelieu. Buste et galère, 1634 à
    1636 et 1641.   *B.* à 2   »

827 — Buste et hémisphère, 1635.   *B.*   1 50

828 — Son buste. R⁄. FVRENTIBVS EMINET AVS-
      TRIS, 1637. Galère sur une mer agitée par les
      vents. Æ.   *B.*   8   »

829 — Son buste. R⁄. Main tenant une boussole,
      1639.   *B.*   1 50

830 — Ses armoiries à côté d'une galère. R⁄. Epée en
      pal, la pointe en l'air, posée sur un coffret,
      1641.   *B.*   3   »

831 — Sa mort, 1642. Coin de Dassier.   *B.*   2   »

832 Gabr. Bernard, comte de Rieux, seigneur de Livi-
      nière, président de la 2e Chambre des enquêtes
      du Parlement, et Suz.-M.-Henriette de Boulain-
      villiers, 1727. Leurs armes. R⁄. Légende. *TB.* 10   »

833 Tristan de Rostaing et Fr. Robertel, sa femme. S.
      d. et 1580. Leurs armes.   *B.* à   5   »

834 Ch., marquis de Rostaing, comte de la Guerche,
      et Anne Hurault, sa femme, 1612. Leurs bustes
      et leurs armes.   *B.*   3   »

835 Variété du précédent, 1633.   *TB.*   5   »

836 Ch., marquis de Rostaing, seul, 1642. Son buste
      et ses armes.   *B.*   6   »

837 Theveneau l'aîné, marchand à Paris, « A la Bonne
      Foy », 1720. Ses armes. Octog.   *TB.*   4   »

838 Martin de Zerville, 1709. Saint Martin à cheval,
      et légende gravée au burin.   *B.*   5   »

JETONS DE PERSONNAGES, MEMBRES POUR LA PLUPART
DE LA SOCIÉTÉ DE NUMISMATIQUE BELGE

839 Mgr de Béthune, Bruges, 1878; R. Chalon, Lille,
      1882 (2 var.); Ch. de Chergé, inspecteur des
      monuments historiques de la Vienne, Poitiers,
      1884; général Cocheteux, Tournay, s. d.;
      J. Cousin, conservateur du Musée Carnavalet,
      Paris, s. d.; L. Dancoisne, maire de Henin-
      Liétard, 1881 (2 var.); L. Dériard, Lyon, 1881
      (2 var.); A. Dewismes et Deschamps de Pas;
      1875; A. Durand, directeur de la Monnaie de
      Bordeaux, s. d. (nickel); P.-J. van Dijk van
      Matenesse, maire de Schiedam, 1866; E. C.

E....., Paris, s. d. ; V.-J. Geffroi, s. d. ; E. van
Hende, Lille, 1882; Hennequin, Liége, 1874;
Herry de Cocquéau, Louvain, s. d. ; M. Lager-
berg, chambellan du roi de Suède, s. d., 1874
et 1876; J. Laugier, conservateur du Musée de
Marseille, 1880 (2 var.); E.-P. Legras, Paris, s.
d. (nickel); A.-R. de Liesville, conservateur
adjoint du Musée Carnavalet, Paris, s. d. (2
var.); G. Loustau, ingénieur civil, s. d.; P.
Maillet, Tournai, 1879; J. Myer, Philadelphie,
1885 ; A. van den Peereboom, ministre d'Etat
belge, s. d.; M. Renucci, s. d.; A. Roussel, architecte de l'hôtel des Monnaies de Bruxelles
(métal blanc); Caignart de Saulcy, 1884 et s.
d.; le prince Ph. de Saxe-Cobourg et Gotha,
Vienne; Fr. de Sévillatt, s. d. (2 var.); A. de
Schodt, Bruxelles, 1881 (Armes du prince de
Saxe-Cobourg); comte Ch. Snoilsky, 1873; baron Surmont de Volsberghe, s. d.; G. Vallier,
conservateur du Musée de Grenoble, 1879.*FDC.* à   3   »

MÉDAILLES

840 *Louis XII et Anne de Bretagne.* Méd. faite à Lyon
en 1499. Buste du roi sur champ semé de fleurs
de lis. R⫯. Buste de la reine sur champ semé
de lis et d'hermine. Br. 110 mm.   *TB.*   350   »
841 *Henri II.* Campagne de 1552. Buste du roi, à dr.
R⫯. OB RES IN ITAL.ET.GERM.GAL.FOR-
TITER AC FOELIC.GESTAS. La Victoire et
l'Abondance dans un quadrige conduit par la
Renommée. 54 gr. 54 mm.   *B.*   15   »
842 La même, en bronze. Br. 55 mm.   *TB.*   45   »
843 Même   avers.   R⫯. TE.COPIA LAVRO.ET.
FAMA.BEARVNT. Même type qu'au revers
précédent. Br. doré. 53 mm.   *B.*   45   »

844 *Charles IX.* Son buste. R⋎. Femme soulevant des
colonnes. 46 gr. Frappe moderne.   *FDC.*   15   »

845 *Henri III.* Son buste, à dr. R⋎. Buste de la reine,
Louise de Lorraine, à g. 34 gr. 43 mm. *FDC.*   15   »

846 *Henri IV.* Son buste, à dr. R⋎. ✳ DISCVTIT.
VT. COELO. PHOEBVS. PAX. NVBILA. TER-
RIS. Laboureur conduisant sa charrue. Br. 42
mm., avec bélière.   *TB.*   50   »

847 *Henri IV et Marie de Médicis.* Naissance de Louis
XIII, 1601. Buste cuirassé du roi, tourné à dr.,
regardant la reine, placée de face. R⋎. Enfant
nu courant à dr. et portant un lis et un sceptre;
devant lui, un coq. Méd. percée légèrement, et
attribuée à Emilio Bonis. Br. 42 mm.   *TB.*   140   »

847 *bis.* — Buste du roi, à g., sous la tranche du
bras, 1601. R⋎. Buste de la reine, à g. Méd.
signée P G. 26 gr. 5. 47 mm. Vermeil.   *TB.*   60   »

848 *Marie de Médicis.* Buste de la reine, de face; la
tête couronnée et tournée à g., collerette montante. R⋎. SECVLI. FELICITAS, 1610. Couronne royale traversée par trois branches.
22 gr. 5. 42 mm.   *TB.*   120   »

849 — Même avers. R⋎. SIC. ILLA. SECVRA. PRO-
CELLIS. Pont à deux arches; à l'exergue :
1614. 35 gr. 7. 42 mm.   *TB.*   100   »

850 — Même avers. R⋎. SEXVS. ET. GLORIA.
REGNI. 1614. Ecu parti de France-Médicis sur-
monté d'une couronne et entouré d'une corde-
lière. Br. 43 mm.   *TB.*   55   »

851 *Louis XIII.* Son buste, à dr., le cou entouré d'une
fraise. R⋎. La Justice assise, à dr.; à l'exergue :
1623. Br. doré, à bélière, 61 mm.   *TB.*   35   »

852 — Variété de la méd. précédente. Buste avec col
rabattu. Br. à bélière. 59 mm.   *B.*   20   »

853 — Son buste, à dr. R⋎. Façade du Luxembourg;
à l'exergue : 1624. 21 gr. 5.   *B.*   18   »

854 — La même, en bronze. 33 mm.   *TB.*   20   »

855 — Fondation de l'église Saint-Paul-Saint-Louis.

Buste de saint Louis. R⁄. Façade de l'église. Br.
60 mm. Trouée.   B.   10   »

856 *Louis XIII et Anne d'Autriche*. Avers du nº 851.
R⁄. Buste de la reine, à dr., collerette montante
(Dupré 1620). Br. à bélière. 58 mm.   B.   15   »

857 *Louis XIV*. Petite méd. Buste du roi. R⁄. PROCUL.
ET DIU. Cartouche aux armes de France. 3 gr.
                                                TB.   10   »

858 — Prise de Thionville, 1643. Br. 41 mm.   TB.   3   50
859 —   —   —   Br. 52 mm.   TB.   6   »
860 — Rétablissement de l'électeur de Trèves, 1645.
Br. 41 mm.   TB.   4   »
861 — Prise d'Ypres, 1648. Br. 41 mm.   TB.   3   50
862 — Prise de Condé et de Maubeuge, 1649. Br.
41 mm.   TB.   4   »
863 — Avantages remportés en Flandre, 1649 (Prise
de Condé et de Maubeuge). Br. 41 mm.   TB.   3   50
864 — Bataille de Rethel, 1650. Br. 41 mm.   TB.   4   »
865 — Prise de Marsal, 1653. Br. 41 mm.   TB.   4   »
866 — Etablissement de l'Académie des Inscriptions
et Médailles, 1662. Br. 41 mm.   TB.   4   »
867 — Défaite des Turcs sur le Raab, 1664. Br.
41 mm.   TB.   4   »
868 — Colonie de Madagascar, 1665. Br. 41 mm. AB.   6   »
869 — Son buste lauré, à dr. R⁄. NEC.PLVRIBVS.
IMPAR.1666. Le Soleil éclairant le globe terrestre. 33 gr. 47 mm. Vermeil.   TB.   25   »
870 — Prise de Douai, 1667. Br. 41 mm.   TB.   4   »
871 — Façade du Louvre, 1667. Br. 50 mm.   TB.   10   »
871 *bis*. — Construction du canal des deux mers,
1667. Vue de Toulouse. Br. 52 mm.   B.   15   »
872 — Passage du Rhin, près d'Emmerich, 1672. Br.
73 mm.   TB.   25   »
873 — Le roi vient à Paris à son retour de la campagne de Hollande, 1672. Son buste, à dr. R⁄.
FELICITAS PVBLICA. La Ville de Paris assise,
à g. 50 gr. 56 mm.   TB.   45   »
874 — Louis XIV galopant devant la ville de Ni-

mègue, 1673 (V. Loon, III, 87). Br. doré. 45 mm.   *B.*   6 »

875 — Défaite de la flotte hollandaise à la Martinique, 1674. Br.   *B.*   12 »

875 *bis.* — Campagne d'Alsace, 1675. Br. 41 mm.   *FDC.*   4 »

875 *ter.* — Délivrance de Haguenau, 1675. Br. 41 mm.   *FDC.*   4 »

876 — Prise de Bouchain, 1676. Br. 41 mm.   *TB.*   3   50

877 — Le combat de Tabago, en Amérique, 1677. Br. 41 mm.   *TB.*   4 »

878 — Mariage de la reine d'Espagne, 1679. Br. 41 mm.   *TB.*   4 »

878 *bis.* — Prise de Strasbourg, 1681. Br. 41 mm.   *FDC.*   4 »

879 — Mort de Marie-Thérèse d'Autriche, reine de France, 1683. Br. 41 mm.   *TB.*   3 »

880 — Bombardement de Gênes, 1684. Br. 41 mm.   *TB.*   3   50

881 — Prise de Luxembourg, 1684. Br. 41 mm. *TB.*   4 »

882 — Démolition des temples des calvinistes, 1685. Br. 41 mm.   *TB.*   4 »

883 — Prise de Philippsbourg, 1688. Br. 41 mm. *TB.*   4 »

884 — Campagne du dauphin en Allemagne, 1688. Br. 41 mm.   *TB.*   5 »

885 — Combat de Stenkerque, 1692. Br. 41 mm. *TB.*   3 »

886 — Marche du dauphin au pont d'Espierre, sur l'Escaut, 1694. 32 gr. 5. 41 mm.   *TB.*   35 »

887 — Paix avec la Savoie, 1696. 31 gr. 41 mm. *FDC.*   16 »

888 — Paix de Ryswick, 1697. Br. 41 mm.   *TB.*   4 »

889 — Hommage du duc de Lorraine pour le Barrois, 1699. Br. 41 mm.   *TB.*   4 »

890 — Erection de sa statue équestre à Lyon, 1714. Br. 73 mm.   *TB.*   15 »

891 — Prise de 200 villes, s. d. Br. 35 mm.   *TB.*   3 »

892 — Sa mort, 1715 (Dassier). Br. 28 mm.   *TB.*   2 »

893 *Louis XIV et Louis XV.* Leurs bustes. Br. 41 mm.   *TB.*   2 »

894 *Philippe d'Orléans*, régent. Son buste, à dr. R⁄.
CONSERVATORI SUO. La France assise; à
l'exergue : 1716. 36 gr.   *TB.*   15   »

895 *Louis XV*. L'instruction du roi, 1720. Br. 41 mm.
                                  FDC.   3   50

896 — Ses fiançailles avec l'infante d'Espagne, 1721.
12 gr.   *B.*   6   »

897 — La même. Br. 31 mm.   *B.*   3   »

898 — Reconstruction de la ville incendiée de
Rennes, 1723. Br. 41 mm.   *TB.*   3   »

899 — Majorité du roi, 1723. Br. 41 mm.   *TB.*   2   50

900 — Promotion de chevaliers du Saint-Esprit, 1724.
Br. 41 mm.   *B.*   2   50

901 — Son mariage avec Marie Lecszinska, à Fontainebleau, 1725. Leurs bustes affrontés. R⁄. La
cérémonie du mariage. 31 gr. 5.   *TB.*   16   »

902 — Grandes chasses organisées par le roi, 1725.
Br. 41 mm.   *B.*   4   »

903 — Secours envoyés à la Tunisie contre le Tripoli,
1728. Br. 42 mm.   *FDC.*   4   »

904 — Fêtes données par la ville de Paris, à l'occasion de la naissance du dauphin, 1729. Br.
55 mm. Trouée.   *TB.*   4   »

905 — Hommage rendu par le duc de Lorraine pour
le duché de Bar, 1730. Br. 41 mm.   *TB.*   4   »

906 — Pont de Compiègne, 1730. Br. 41 mm. *FDC.*   5   »

907 — Victoire de Guastalla, 1734. R⁄. DE GERMA-
NIS ITERUM. Trophée. Br. 41 mm.   *FDC.*   3   50

908 — Prise de Philippsbourg par le maréchal d'As-
feld, 1734. Br. 41 mm.   *TB.*   4   »

909 — Annexion de la Lorraine et du Barrois), 1737.
32 gr.   *FDC.*   13   »

909 *bis*. — Même pièce. Br. 42 mm.   *FDC.*   3   »

910 — Fondation de la cathédrale Saint-Louis, à La
Rochelle, 1747. Br. 52 mm.   *TB.*   6   »

911 — Mariage du dauphin avec Marie-Thérèse d'Espagne, 1745. 17 gr.   *TB.*   5   »

911 *bis.* — Naissance du duc de Bourgogne, 1751. Br. doré. 34 mm. *TB.* 3 50

912 — Erection de la place Saint-Sulpice, 1754. 37 gr. *TB.* 15 »

913 — La même, en bronze. 42 mm. *TB.* 3 »

914 — Institution d'un prix dramatique, 1758. Br. 42 mm. *TB.* 3 »

915 — Les Anglais repoussés de la Bretagne par le duc d'Aiguillon. Br. 63 mm. *TB.* 6 »

916 — Ecole militaire, 1769. 34 gr. *TB.* 12 »

917 — Mariage du dauphin avec Marie-Antoinette d'Autriche, 1770. 16 gr. *TB.* 4 50

918 — L'Hôtel des Monnaies de Paris, 1770. Br. 42 mm. *FDC.* 4 »

919 — Mariage de Louis-Stanislas, comte de Provence, avec Joséphe de Savoie. Br. 49 mm. *TB.* 8 »

920 — Inauguration du pont de Neuilly, 1772. Br. 56 mm. *TB.* 10 »

921 — Mariage du comte d'Artois avec Marie-Thérèse de Savoie, 1773. 30 gr. *TB.* 15 »

922 — Même évènement. Bustes affrontés des époux. R⁄. Buste de Victor-Amédée III, roi de Sardaigne. Br. 49 mm. *TB.* 8 »

923 — Méd. de Caqué, 1822, au buste du roi. Br. 51 mm. *TB.* 3 »

924 *Louis XVI.* Anniversaire de l'annexion de Strasbourg à la France. Son buste, à dr. R⁄. ARGENTORATUM FELIX VOTIS SECULARIBUS MDCCLXXXI, dans une couronne de laurier. 36 gr. *TB.* 30 »

925 — Triomphe de la cause nationale américaine et commémoration du secours donné par la France, 1781. LIBERTAS AMERICANA. Tête de la Liberté, à g. R⁄. NON SINE DIIS ANIMOSUS INFANS. La France défend un petit enfant contre un léopard. Méd. signée : Dupré, et percée d'un petit trou. Br. 48 mm. *TB.* 22 »

925 *bis.* — Confirmation du rang de bonne ville de

France accordé à Troyes, à l'occasion de son
avènement, 1775. 30 gr. *TB.* 15 »

926 — Triple jonction des deux mers par les canaux
du Charollais, de la Franche-Comté et de la
Bourgogne, 1783. Son buste. R/. Quatre figures
représentant la Saône, la Loire, la Seine et le
Rhin. Br. 73 mm. *TB.* 8 »

926 *bis.* — Naissance du dauphin, 1781. Bustes accolés du roi et de la reine, à g. R/. La France
assise, tenant l'enfant. 30 gr. *TB.* 15 »

926 *ter.* — Etablissement de l'Académie de chirurgie,
1774. Br. 60 mm. *TB.* 10 »

927 — Son buste, à dr. R/. EXERCET SUB SOLE
LABOR. Ruche sous un soleil; à l'exergue :
CERCLE DES PHILADELPHES ETABLI AU
CAP. 1784. Or. 24 gr. *FDC.* 250 »

> Méd. maçonnique (de Simon, graveur du roi) de la loge
> des Philadelphes existant encore à Jacmel (Haïti), sous le
> n° 59 du suprême Conseil de France.

928 — Bailly, premier maire, élu le 15 juillet 1789.
Br. 53 mm. *TB.* 5 »

929 — Assemblée des électeurs de Paris, le 17 juillet
1789. 47 gr. *TB.* 15 »

930 — Abandon de tous les priviléges, le 4 août 1789.
Br. 64 mm. *TB.* 6 »

931 — Son arrivée à Paris le 6 octobre 1789. Br.
53 mm. *TB.* 5 »

932 — Son arrivée à Paris le 6 octobre 1789. Etain
uniface. 87 mm. *TB.* 5 »

933 — Confédération des Français, 1790. Br. 34 mm.
TB. 2 »

933 *bis.* — Fédération martiale à Lyon, 1790. Armes
de Lyon. R/. Temple de la Concorde (Galle).
27 gr. avec bélière. *FDC.* 20 »

934 — Confédération des gardes nationaux de l'Yonne,
1791. Br. 34 mm. *B.* 6 »

934 *bis.* — Combat des Tuileries, 1792. Br. 55 mm.
AB. 1 50

935 — Sa mort, 1793. Tête, à dr. R⁄. HEU NIMIS
SERO MANANT. La France en pleurs (Stierle).
14 gr. *TB.* 5 »

936 — Sa mort, 1793. Tête, à dr. R⁄. PLEURÉS ET
VENGÉS, etc. La France en pleurs (Mainwa-
ring). Etain. 31 mm. *TB.* 3 »

937 — Sa mort, 1793. Tête, à dr. R⁄. FVRORE.CI-
VIVM.INFANDO.SVPPLICIO.ADFECTI. La
France en pleurs (Baldenbach). 31 gr. *TB.* 18 »

938 — Sa mort, 1793. Son buste, à g. R⁄. VIN-
DICTA NEFANDI CRIMINIS. Guerrier tuant
un monstre. Etain. 46 mm. *TB.* 5 »

939 — Sa mort, 1793. Son buste, à dr. R⁄. FILS DE
ST. LOUIS MONTEE (*sic*) AU CIEL 21 JANV.
1793, entre deux palmes. 2 gr. 5. *B.* 3 »

940 *Marie-Antoinette.* Son mariage à Vienne avec le
dauphin, 1770. Son buste, à dr. R⁄. CONCOR-
DIA NOVO SANGVINIS NEXV FIRMATA.
L'Amour et l'Abondance debout, devant un
autel (Wildeman). 26 gr. *TB.* 20 »

941 — Arrivée de la dauphine et de la princesse de
Lorraine à Gunzbourg, 1770. 26 gr. *FDC.* 12 »

942 — Sa mort, 1793. Son buste, à g. R⁄. I'ACCUSE
IE IUGE I'EXTERMINE. Furie debout (Loos).
10 gr. *FDC.* 5 »

943 — Sa mort, 1793. Son buste, à g. R⁄. SON
COURAGE SURPASSA SES MALHEURS.
Colonne. 2 gr. 5. *TB.* 3 »

944 *Louis XVII.* Sa naissance (Louis-Charles, duc de
Normandie), 1785. Son buste, à dr. R⁄. Femme
assise à côté d'un palmier. 29 gr. *TB.* 16 »

945 — Sa mort, 1795. Son buste, à g. R⁄. Lis brisé.
Br. 41 mm. *TB.* 4 »

946 *Elisabeth.* Sa mort, 1794. Son buste, à g. R⁄. CES
LOUPS SANS S'EMOUVOIR, etc. Faucon
tuant une colombe (Loos). 9 gr. *FDC.* 5 »

947 — Sa mort, 1794. Son buste, à g. R⁄. JE MEURS

OU JE M'ATTACHE. Tronc d'arbre brisé.
2 gr. 5.   *B.*   3   »

948 *République*. Méd. ovale. Tribunal de première instance. Br. doré. 33×40 mm.   *TB.*   5   »

949 — Méd. ovale. RESPECT A LA LOI entre deux branches de laurier (Maurisset). Br. doré. 50×42, à bélière.   *TB.*   10   »

949 *bis*. — Essai de métal de cloche adressé à la Convention nat. par les artistes réunis de Lyon, 1792 (Galle).   *TB.*   10   »

950 — Campagne d'Italie, 1796. Etain et cuivre. *TB.* à   1   50

951 — Le clergé français à Rome, 1796. Br. 40 mm.   *FDC.*   3   »

952 — Représentants du peuple, 1798. Br. doré. 50 mm.   *TB.*   6   »

953 — République romaine. Fête à l'honneur de la jeunesse, 1798 (387).   *FDC.*   3   »

954 — L'ordre rétabli à Venise par Cocastellio, 1799. Br. 51 mm.   *TB.*   9   »

955 — Bataille de Marengo, 1800. Buste de Bonaparte, à g. ℞. Légende (25). Br. 50 mm. *TB.*   4   »

956 — Négociations pour la paix, 1803 (67). Br. 14 mm.   *TB.*   1   50

957 *Napoléon I*. Son couronnement, 1804 (86). 1 gr. 5. 2 var.   *TB.* à   1   »

958 — Son couronnement, 1804 (84). Br. 32 mm.   *FDC.*   2   »

959 — Fêtes du couronnement à l'Hôtel de Ville de Paris, 1804 (88). Br. 35 mm.   *FDC.*   3   »

960 — Drapeaux donnés à l'armée, 1804 (90). Br. 27 mm.   *FDC.*   2   »

961 — Honneur légionnaire à l'armée de Boulogne, 1804 (80). 36 gr.   *FDC.*   18   »

962 — Code civil, 1804 (82). 37 gr.   *FDC.*   16   »

963 — Monuments de Desaix au Mont Saint-Bernard, 1805. Br. 27 mm.   *TB.*   1   50

964 — Prise de Vienne et de Presbourg, 1805 (106). 39 gr.   *FDC.*   18   »

965 — Le prince de Bade visite la Monnaie de Paris,
1806 (209). Br. 28 mm. *FDC.* 5 »

966 — Le prince de Bavière visite la Monnaie de
Paris, 1806 (210). Br. 28 mm. *FDC.* 4 »

967 — Mariage de Jérôme, roi de Westphalie, et C.
de Wurtemberg, 1807 (225). 30 gr. 15 »

968 — Le roi de Saxe visite la Monnaie de Paris,
1809 (250). Br. 41 mm. *FDC.* 5 »

969 — Entrée de l'impératrice Marie-Louise à Strasbourg, 1810 (255). 13 gr. *TB.* 5 »

970 — Son mariage avec Marie-Louise, 1810 (256).
Br. 32 mm. *FDC.* 3 »

971 — Même médaille, d'un module plus petit. Br.
26 mm. *FDC.* 2 »

972 — Même médaille, d'un module plus petit.
1 gr. 5. *TB.* 1 50

973 — Naissance du roi de Rome, 1811. Br. 32 mm.
FDC. 3 »

974 — Honneurs funèbres au duc de Montebello,
1810 (268). Br. 68 mm. *B.* 5 »

975 — Commerce de bois neuf, s. d. (483). 18 gr.
TB. 6 »

976 — Le roi de Prusse visite la Monnaie de Paris,
1814. Br. *TB.* 3 »

977 *Louis-Napoléon, roi de Hollande.* Médaillon, cuivre
repoussé. 48 mm. *FDC.* 7 »

978 *Joseph-Napoléon, roi d'Espagne et des Indes.* Médaillon, cuivre repoussé. 49 mm. *FDC.* 7 »

979 *Joachim-Napoléon, roi de Naples et de Sicile.* Médaillon, cuivre repoussé. 50 mm. *FDC.* 8 »

980 — Médaillon, cuivre repoussé. 45 mm. *FDC.* 6 »

981 — Prix des collèges royaux (480). 11 gr. Vermeil,
à bélière. *FDC.* 20 »

982 *M.-A. Caroline, reine de Naples et de Sicile.* Médaillon, cuivre repoussé. 45 mm. *FDC.* 7 »

983 *Louis XVIII.* Mariage de Charles-Ferdinand, duc
de Berry, avec la princesse Caroline de Naples,
1816. Br. 50 mm. *TB.* 3 »

984 — Expédition d'Espagne, 1823. Br. 51 mm. *TB.*   3   »
985 *Charles* X. Séjour de la duchesse de Berry à
    Dieppe, 1824. Br. 42 mm.   *TB.*   3   »
985 *bis.* — Le prince de Salerne et la duchesse de
    Berry visitent la Monnaie de Paris, 1825. Æ.
    Coin de la pièce de 5 francs.   *B.*   16   »
986 — Le roi et le dauphin visitent Mulhouse, 1828.
    Br. 41 mm.   *TB.*   4   »
986 *bis.* — Visite de Troyes, 1828. Br. 41 mm. *TB.*   4   »
987 — Barrière de Rochechouart, 1829. Br. 50 mm.
                                               TB.   5   »
988 — Barrage-écluse de Saint-Valery-sur-Somme,
    1829. Br. 56 mm.   *TB.*   5   »
989 *Louis-Philippe.* La famille royale visite la Monnaie
    de Paris. Jolie méd. de Barre, 1833. Br. 75 mm.
                                              FDC.   20   »
990 — Agrandissement des musées, 1834. Méd. de
    Bovy. Br. 68 mm. avec écrin.   *FDC.*   10   »
991 — Méd. d'honneur, Soc. gén. des naufragés,
    1835. 19 gr. Vermeil, avec ruban.   *TB.*   6   »
992 — Prise de Saint-Jean-d'Ulloa. Belle méd. de De-
    paulis, 1838. Br. 75 mm.   *FDC.*   12   »
992 *bis.* — Fontaines publiques de Dijon, 1840. Vue
    d'une fontaine et des principaux monuments de
    la ville. R⫯. Légende. Br. 69 mm.   *TB.*   8   »
993 — Baptême du comte de Paris, 1841. Br. 56 mm.
    et 42 mm. 2 var.   *FDC.* à   4   »
994 — Etablissement d'écoles primaires, 1842. Br.
    52 mm.   *FDC.*   5   »
995 — Chambre des députés, 1842. Br. 52 mm. *FDC.*   4   »
996 — L'armée au duc d'Orléans, 1842. Br. 52 mm.
                                              FDC.   3   »
997 — Fête de Versailles, 1844. Br. 52 mm.   *FDC.*   3   »
997 *bis.* — Bibliothèque Sainte-Geneviève, 1844. Br.
    68 mm. avec écrin.   *FDC.*   8   »
998 — Pont de Nemours entre Bayonne et Saint-
    Esprit, 1845 (Bovy). 187 gr.   *TB.*   40   »

999 — Inauguration du pont de Thionville, 1846
 (Bovy). 167 gr.   *FDC.*   40   »

1000 — La même. Br. 68 mm.   *FDC.*   15   »

1001 *République.* Méd. de Gayrard, 1848. La Liberté,
 l'Egalité et la Fraternité se donnant la main.
 Br. 51 mm.   *FDC.*   3   »

1002 — Cliché uniface d'Oudiné, 1848. « L'Ordre et
 la Force établissent la République française. »
 Br. 73 mm.   *FDC.*   5   »

1003 *Louis-Napoléon Bonaparte*, élu président, 1848
 (Caqué). Br. 78 mm.   *FDC.*   6   »

1004 — Variété (Barre). Br. 50 mm.   *FDC.*   3   »

1005 —   — (Gayrard). Br. 50 mm.   *FDC.*   3   x

1006 — Société des Amis des arts de Lyon, 1849.
 Quatre médaillons de Th. de Lorme, N. Cous-
 tou, J. Stella et G. Audran. R⁄. Légende dans
 un encadrement; dans le bas, les figures du
 Rhône et de la Saône (Dantzell). Br. 80 mm.
 avec écrin.   *FDC.*   20   »

1007 — Installation des grands corps de l'Etat, 1852.
 Br. 40 mm.   *FDC.*   3   »

1008 *Napoléon III.* Cathédrale de Marseille, 1852.
 160 gr.   *FDC.*   40   »

1008 *bis.* — Comice agricole de Seine-et-Oise. Grand
 prix de Luynes, 1852. Br. 51 mm.   *FDC.*   4   »

1009 — Découverte des monuments de Ninive, 1853
 (Merley). Br. 63 mm.   *FDC.*   6   »

1010 — Bataille de l'Alma, 1854. Belle méd. de Bovy
 exécutée pour l'Etat. Br. 73 mm. avec écrin.
                                     TB.   12   »

1011 — Inauguration de la rue Impériale à Lyon,
 1855. Br. 55 mm.   *FDC.*   3   »

1012 — Emprunt de 500 millions, 1855 (Merley). Br.
 72 mm.   *FDC.*   6   »

1013 — Exposition de peinture. Récompense nationale. Jolie méd. de Vautier-Galle. Br. 68 mm.
 avec écrin.   *FDC.*   8   »

1014 — Construction du séminaire de Rennes, 1856.
160 gr. *FDC.* 40 »

1015 — Compagnie de navigation mixte (Perrin, graveur lyonnais). 22 gr. *FDC.* 8 »

1016 — Chambre de commerce de Marseille. Jolie
méd. de Caqué. Mercure assis sur une proue.
Br. 73 mm. *FDC.* 15 »

1017 — Annexion des communes suburbaines de Paris, 1859. Br. 72 mm. *FDC.* 5 »

1018 — Inauguration du Tribunal de commerce de
Paris, 1865. Br. 75 mm. *FDC.* 7 »

1019 — Inauguration de l'église de la Sainte-Trinité,
1867. Br. 75 mm. *FDC.* 6 »

1020 — Concours agricole régional à Nancy, 1869.
38 gr. *TB.* 8 »

1021 *Napoléon III et sa femme.* Belle méd. de Caqué.
Br. 51 mm. avec écrin. *FDC.* 8 »

1022 *Eugénie, impératrice,* seule. Jolie méd. de Bovy,
d'après J. Peyre. 71 gr. avec écrin au chiffre
impérial. Très rare. *FDC.* 20 »

1022 *bis.* — Comité central de patronage des salles
d'asile. Méd. ayant appartenu à la marquise de
Roccagiovine. 63 gr. avec écrin au chiffre
impérial. *FDC.* 25 »

1023 *République.* Grévy, président. Lycée Janson de
Sailly, 1881. 148 gr. avec écrin. *FDC.* 25 »

1023 *bis.* — Société de tir, 1886. Méd. de Dubois.
Monument de Mercié. 80 gr. *TB.* 25 »

1024 — Carnot, président. Méd. de Dubois. Son
élection, 1887. Br. 68 mm. *TB.* 15 »

1025 — Jules Develle aux agriculteurs de la Meuse,
1893. Méd. de Roty. 38 gr. doré. *TB.* 12 »

1026 — Concours vélocipédique. Méd. de Dubois.
21 gr. doré. *TB.* 10 »

1026 *bis.* — Institut de France. Passage de Vénus sur
le Soleil, 1874. Br. 68 mm. avec écrin. *FDC.* 8 »

PERSONNAGES

1027 *Andriel* (*Pierre*), ingénieur. Traversée de
Londres à Paris en bateau à vapeur, 1816. Br.
37 mm. *TB.* 6 »

1028 *Anjou* (*René d'*), *comte de Provence.* « Au bon roi
René, mort à Aix en 1480, dont la mémoire
sera toujours chère aux Provençaux, 1819. »
Br. 41 mm. *TB.* 5 »

1029 *Antoine* (*J.-D.*), architecte. Son buste. ℞. Hôtel
des Monnaies de Paris. Br. 41 mm. *FDC.* 4 »

1030 *Bassompierre* (*Fr., baron de*), *marquis d'Haroué*,
maréchal de France, colonel général des Suisses.
Jolie méd. de 1633 à son buste. Br. 54 mm.
TB. 70 »

1031 *Beauharnais* (*Prince Eug.*). Sa mort, 1824. Br.
46 mm. *FDC.* 4 »

1032 *Beauvoir* (*J.-C.*), maire de Bourges, 1759. Br.
41 mm. *TB.* 5 »

1033 *Bellièvre* (*Pomponne de*), chancelier de France,
1598 (C. Bloc). Br. 43 mm. *B.* 20 »

1034 *Bernadotte* (*Charles IV, Jean*). Académie suédoise,
1836. Br. 35 mm. *FDC.* 4 »

1035 *Berryer* (*P.-A.*), avocat, député de la Haute-
Loire, 1832. Br. 42 mm. *TB.* 3 »

1036 *Bervanger* (*M. de*), fondateur de l'institution
Saint-Nicolas à Paris, né à Sarrelouis. Son
buste, à g. 28 mm. *TB.* 4 »

1037 *Béthune, duc de Sully* (*Max. de*). Br. 41 mm. *TB.* 2 50

1038 *Bichat* (*Xavier*), médecin, né à Thoirette (Jura),
mort à Paris, 1802. Br. 50 mm. *TB.* 6 »

1039 *Blouet* (*Abel*), architecte. Sa mort, 1853 (Domard). Br. 72 mm. avec écrin. *FDC.* 8 »

1040 *Boucherat* (*L.*), chancelier de France. Son buste.
℞. La Justice et l'Abondance debout, 1686.
Br. 41 mm. *FDC.* 6 »

1041 *Bourbon-Condé (Louis-Henri, duc de)*, premier
ministre. Méd. de Duvivier, 1724. Br. 59 mm.
B. 6 »

1042 *Bourbon (Antoine de), roi de Navarre, et Jeanne
d'Albret*. Méd. 1572. Br. 54 mm. B. 50 »

1043 *Bourbon (Ch.-L. de) et Marie-Thérèse de Savoie*.
Leur mariage, 1820. Fer. 40 mm. TB. 6 »

1044 *Bourbon (Marie-Christine)*, veuve de Charles-
Félix de Sardaigne. Son buste. R⃫. Eglise de
l'abbaye de Haute-Combe. 88 gr. FDC. 25 »

1045 La même. Br. 55 mm. FDC. 7 »

1045 *bis. Bouret (Et.-Mich.)*, fameux financier. Méd.
offerte par les Etats de Provence, 1747. Br.
73 mm. TB. 10 »

1046 *Bourmont (Comte de)*, général en chef. Conquête
d'Alger, 1830. Br. 42 mm. 2 var. FDC. à 3 »

1047 *Bournonville (Alex. de), comte de Henin*, gouverneur d'Arras. Son buste, à dr. R⃫. Ses armes.
Méd. de J.-Ch. Müller (V. Loon, III, 129).
28 gr. 7. TB. 80 »

1048 *Bouvard (A.)*, astronome. Hommage des Savoi-
siens à leur compatriote, 1842. Br. 42 mm.
FDC. 5 »

1049 *Brunel (J.-M.)*, ingénieur, né dans l'Eure. Sa
tête. R⃫. Tunnel de Londres, 1843. Etain.
38 mm. TB. 3 »

1050 *Bruno (Saint)*, fondateur de l'ordre des Char-
treux. Jolie méd. ovale d'Hamerani de la fin
du xvıı⁰ siècle. 13 gr. TB. 50 »

1051 *Caumont (Arcisse de)*, archéologue, fondateur de
de la Soc. fr. d'archéologie, de l'Association
normande, etc. Méd. de Vauthier-Galle, 1861.
Br. 64 mm. FDC. 12 »

1052 *Chalon (R.)*, président de la Soc. royale de numismatique de Belgique, 1866. Br. 58 mm.
FDC. 5 »

1053 *Chantal (A.-Fr. de)*, supérieure du monastère de

l'ordre de la Visitation à Annecy. Son buste et celui de saint Vincent de Paul. Br. ovale. *TB.*   3 »

1054 *Chateaubriand (Vicomte de).* Méd. de Bovy, 1844. Br. 41 mm.   *FDC.*   4 »

1055 *Chaumont de la Galaizière (B.-L.-M.), comte et premier évêque de Saint-Dié,* 1777. Grand mé- médaillon. Br. 135 mm.   *TB.*   30 »

1056 *Chénier (M.-J. de),* poète. Méd. de Caqué, 1831. Br. 42 mm.   *FDC.*   3 »

1057 *Chevert (Fr.),* lieut. gén., gouverneur de Belle-Isle. Méd. de Caqué, 1821. Br. 42 mm. *FDC.*   2 50

1058 *Clairon de la Tude (H.),* célèbre tragédienne. Son buste, à dr. R⟂. « L'Amitié et Melpomène ont fait frapper cette médaille en 1764. » Br. 45 mm.   *TB.*   15 »

1059 *Closure (P. de la),* résident de France à Genève. Grande méd. de Dassier, 1739. Vue de Genève. Br. 68 mm.   *TB.*   60 »

1060 *David (Louis),* peintre. Son buste et légende. Br. 35 mm.   *FDC.*   4 »

1061 *Dennel (D.),* évêque de Beauvais. Son sacre à Lille, 1880. Br. 51 mm.   *FDC.*   3 »

1062 *Desaix,* général. Méd. de Caunois, 1820. Br. 41 mm.   *FDC.*   3 »

1063 *Desmoulins de Rochefort (L.),* médecin du roi, ori- ginaire du Blésois. Méd. de la fin du XVIe siècle. Br. 37 mm.   *TB.*   50 »

1064 *Didot (P.),* typographe, 1823. Son buste. R⟂. Presse Jules Didot. Br. 41 mm.   *TB.*   4 »

1065 *Dombasle (J.-A. Mathieu de),* agronome. Méd. de Vauthier-Galle offerte par les agriculteurs. Br. 54 mm.   *TB.*   4 »

1066 *Drouet d'Erlon (J.-B., comte),* maréchal de France, né à Reims. Méd. de Baudart, 1851. Etain. 61 mm.   *B.*   4 »

1067 *Duvivier,* graveur en médailles. Méd. de Tiolier, 1823. Br. 41 mm.   *FDC.*   4 »

1068 *Etienne (Ch.-Guill.),* poète, membre de l'Acadé-

:nie fr. et député de la Meuse. Méd. de Rogat,
1835. Br. 42 mm. *TB.* 3 50

1069 *Fabert*, maréchal de France. Méd. (de Dassier)
à son buste. Br. argenté. *TB.* 6 »

1070 *Fage (F. de la)*. Méd. offerte par la ville de Toulouse à la mémoire de son maire, 1692. Son
buste, à dr. R⁄. Les armes de la ville entourées
de neuf écussons. Br. 62 mm. *TB.* 25 »

1071 *Fernel (J.)*, médecin. Méd. de Depaulis, 1822.
Br. 41 mm. *TB.* 3 50

1072 *Fitz-James (François de)*, évêque de Soissons. Ses
armes. A l'exergue, 1742. R⁄. MATERNIS
AUSIBUS AUDAX. Aigle et aiglon volant
vers le soleil. Br. 46 mm. *TB.* 12 »

1073 *Fouquet, duc de Belleisle*, maréchal de France. Son
buste et légende, 1760. Br. 48 mm. *FDC.* 10 »

1074 *Galois de la Tour (C.-J.-D. des)*, premier président au Parlement et intendant de Provence.
Méd. offerte par le Tiers-Etat de Provence,
1788. Br. 56 mm. *TB.* 6 »

1075 *Gay (Ph.)*, maire de Bourges, 1747. Armes de
la ville et celles du marquis de Châteauneuf.
Br. 42 mm. *B.* 6 »

1076 *Grenus (Baron de)*. Méd. de Bovy. Donation en
faveur de la ville de Genève, 1847. Br. 60 mm.
  FDC. 8 »

1077 *Gretry*, compositeur de musique. Méd. de Gatteaux, 1814. Br. doré. 30 mm. *TB.* 5 »

1078 *Hoche*, général. Sa tête, à g. R⁄. « Weissembourg. Landau. Pacification de la Vendée.
Neu-Wied. » Br. 41 mm. *TB.* 3 50

1079 — Sa tête, à g. R⁄. « Weissembourg, Quibe-
ron, etc. » Br. 50 mm. *TB.* 4 »

1080 *Kératry (A.-H.)*, député du Finistère et de la
Vendée. Méd. de Caunois, 1828. Br. 42 mm.
  FDC. 3 50

1081 *La Fayette*, général et député à l'Assemblée na-

tionale constituante. Méd. (de Dumarest) à
son buste. Br. doré. 35 mm. *FDC.* 4 50

1082 — Méd. de Caunois, 1824. Son buste, à dr. R⁄.
« The defender of american and french Li-
berty, 1777-1824, etc. » Br. 47 mm. *TB.* 3 »

1083 *Lagrange* (*J.-L.*), géomètre. Méd. de Donadio.
Sa tête et légende. Br. 41 mm. *FDC.* 4 »

1084 *Lanthois* (*E.*), médecin. Son buste, à g. R⁄. Serpent entourant le bâton d'Esculape, s'abreuve
dans un vase posé sur un autel; 1817. Br.
46 mm. *FDC.* 6 »

1085 *Launay* (*N. de*), directeur de la Monnaie de Paris. Son buste, à dr. R⁄. Minerve et presse
monétaire; à l'ex. : 1719. Br. 41 mm. *TB.* 5 »

1086 *Lautrec* (*Comte de*), ambassadeur français à
Genève, 1738. Méd. (de Dassier) à son buste.
Br. 54 mm. Méd. très épaisse. *TB.* 6 »

1087 *Lavoisier*, chimiste. Méd. (de Dupré) à son buste,
1802. Br. 41 mm. *TB.* 5 »

1088 *Ledru-Rollin*, représentant du peuple, 1848. Br.
34 mm. Méd. très épaisse. *TB.* 3 »

1089 *Lemaistre* (*J.*), avocat général au Parlement de
Paris. Méd. de Dassier. Br. 29 mm. *FDC.* 3 »

1090 *Lenôtre* (*A.*), contrôleur général des bâtiments.
Méd. de Breton, 1700. Son buste, à g. R⁄.
Génie debout dans un jardin. Br. 63 mm. *TB.* 12 »

1091 *Lesseps* (*Ferd. de*), ingénieur. Inauguration du
canal de Suez, 1869. Etain. 50 mm. *TB.* 5 »

1092 *Loménie* (*Ant. de*), seigneur de la Ville-aux-Clercs,
secrétaire d'Etat. Buste coiffé de la calotte; au
dessus, 1630. R⁄. Mercure suivant le char du
Soleil qui parcourt le cercle du zodiaque. Br.
47 mm. *TB.* 50 »

1093 *Lorraine* (*Antoine, duc de*). Buste du prince coiffé
d'un chapeau et tourné à droite. R⁄. Buste de
Renée de Bourbon, sa femme, à g. 23 gr. Pièce
de l'époque. *TB.* 120 »

1094 *Lorraine* (*Charles IV, duc de*). Son buste cuirassé,

à dr. R̷. Bras armé. Méd. ovale. Exemplaire
de la coll. Monnier. Métal de cloche. 50 ×
44 mm.   B.   25   »

1095 *Lorraine (Charles V)*. Son buste cuirassé, à dr.
R̷. Deux bras sortant des nues, l'un tenant
une croix, l'autre une tête de Turc au bout
d'une épée, brisant le croissant. 18 gr. *FDC*.   60   »

1096 Le même. Sa mort, 1690. Son buste cuirassé, à
dr. R̷. Phénix sortant d'un bûcher formé
d'armes turques et françaises. 28 gr.   B.   25   »

1097 *Léopold I*. Buste du duc, à dr. R̷. Cigogne volant au dessus d'un autel portant les attributs
ducaux, 1706. Br. 59 mm.   TB.   6   »

1098 - Entretien des chaussées. Son buste, à dr. R̷.
Le duc à cheval passant sur un pont Br.
47 mm.   TB.   5   »

1099 — Naissance du prince Louis, 1704. Br. 35 mm.
                                            TB.   5   »

1100 *Charles - Alexandre*, commandant les troupes
impériales. Passage du Rhin à Wissembourg,
1744. Son buste, à dr. R̷. Minerve foudroyant
le Rhin (Engel et Lehr., 44). 43 gr.   *FDC*.   60   »

1101 Le même, gouverneur général des Pays-Bas.
Rétablissement de l'Hôtel de la Monnaie, à
Bruxelles, 1751. 25 gr.   TB.   12   »

1102 Le même. Académie de Bruxelles, 1778. 57 gr.
avec bélière.   TB.   15   »

1103 *Louvois (Mich. Le Tellier, marquis de)*, chancel-
lier de France. Méd. de Roussel, 1684. Br.
28 mm.   TB.   10   »

1104 *Lowendahl (Woldemar, comte de)*, maréchal de
France, né à Hambourg, mort à Paris. Son
buste cuirassé, à dr. R̷. PARTA TRIVM-
PHIS. Cartouche à ses armes sur un piédestal,
au pied duquel des trophées; à l'ex. : 1754
(M.-G. Arbien, graveur à Copenhague). 74 gr.
                                            TB.   50   »

1105 *Luynes (Charles d'Albert, duc de)*, gouverneur de

l'Ile de France, de Normandie, etc, né à Mor-
nas (Vaucluse), mort à Longueville (Lot-et-
Garonne). CAR.DALBERT DVX LVINEN-
SIS P. FRANC. Son buste cuirassé, avec col-
lerette, à dr. ℞. FIDELITAS FELICITAS.
Deux femmes se donnant la main; à l'ex. :
CIƆIƆ CXX. Br. 43 mm. Très rare.   *TB*.   200   »

1106 — CH.DALBERT.DVC.D.LVYNES.PAIR.
ET.CONEST.D.FR. Son buste cuirassé, à
dr.; au dessous, 1621. ℞. QVO.ME.IVRA.
VOCANT.ET.REGIS.GLORIA. Bras armé.
Allusion à son élévation à la dignité de conné-
table. Br. 56 mm.   *TB*.   60   »

1107 *Martin (Cl.)*, major général au service de la
Compagnie des Indes orientales et fondateur
de l'Ecole des sciences et arts industriels de
Lyon. Br. 50 et 55 mm. 2 var.   *TB*. à 3   »

1108 *Mazarin*, cardinal. Son buste, à dr. ℞. FIR-
MANDO.FIRMIOR.HÆRET. Ancre; à l'ex.:
1660. 18 gr.   *TB*.   30   »

1109 — ℞. Œil dans une campagne, 1660. Br.
52 mm.   *TB*.   6   »

1110 *Michallon*, peintre. Sa mort, 1822 (Tiolier,
1823). Br. 51 mm.   *FDC*.   4   »

1111 *Mignard (P.)*, peintre, né à Troyes. Méd. de
Domard, 1817. Br. 41 mm.   *TB*.   3   »

1111 *bis. Milne-Edwards (H.)*, anatomiste. Méd. de
Dubois, 1880. Br. 68 mm., avec écrin. *FDC*. 15   »

1112 *Molière (J.-B. Poquelin de)*, poëte et comédien.
Méd. de Dassier. Br. 29 mm.   *TB*.   4   »

1113 —— Méd. de Caqué, 1821. Br. 41 mm.   *FDC*.   1 50

1114 — Belle méd. de Caunois. Inauguration de la
fontaine Molière à Paris, 1844. Br. 57 mm.
                                   FDC.   6   »

1115 *Montconys (Gasp. de)*, seigneur de Liergues, lieut.
criminel au siège présidial de Lyon. Jolie médaillon de Warin à son buste (N. Rondot,
30). Br. 106 mm.   *TB*.   150   »

1116 *Montebello (J. Lannes, duc de)*, maréchal de France. Sa mort, 1809. Br. 41 mm.   *FDC.*   5   »

11:7 *Mongolfier (J. et E.)*, inventeurs des aérostats. Ascension en ballon, au Champ de Mars, 1783. Br. 42 mm.   *TB.*   6   »

1118 — Ascension, 1783. Ballon sous lequel un Génie tient une torche enflammée ; au dessous, une femme assise, appuyée sur un lion. Br. 41 mm.   *TB.*   8   »

1119 — Ascension par le marquis d'Arlandes et Pilatre de Rozier en 1783. Br. 51 mm.   *FDC.*   15   »

1120 *Montmorency (Anne, duc de)*, connétable. Méd. ital., s. d. Buste, à g. R⳽. La Prévoyance réunissant Bellone et Amphitrite. Br. 53 mm.   *B.*   90   »

1121 *Montmorency (Mathieu, duc de)*, ministre d'Etat, gouverneur du duc de Bordeaux. Sa mort, 1826. Br. 51 mm.   *FDC.*   4   »

1122 *Oberlin*, pasteur dans les Vosges. Br. 45 mm.   *FDC.*   4   »

1123 *Orange (Maurice, prince d')*, *comte de Nassau*. Son buste, à dr.; sous la tranche du bras, ÆT.34; au dessous : COÑ.BLOC.F. R⳽. TANDEM. FIT.SVRCVLVS.ARBOR.ANNO   1602. Oranger dans une couronne de laurier (V. Loon, I, 553). Br. 41 mm.   *B.*   20   »

1124 *Orléans (Ph.-L. d')*, *duc de Montpensier*. Son mariage avec l'infante d'Espagne, 1846. Br. 52 mm.   *FDC.*   3   50

1125 *Perdonnel (A.)*, professeur de chemins de fer à l'Ecole centrale, 1857. Légende dans une couronne. R⳽. Tableau avec les noms de ses élèves. Br. 68 mm.   *FDC.*   5   »

1126 *Périer (Casimir)*, ministre. Sa tête, à dr. Médaillon de Barre, entouré d'un cercle en cuivre dans un cadre en bois. 152 mm.   *TB.*   25   »

1126 *bis. Pétion (J.)*, né à Chartres. Sa proscription, 1793. Médaillon, cuivre repoussé. 45 mm.*TB.*   10   »

1127 *Rameau (J.-Ph.)*, compositeur de musique. Fes-

tival de Dijon, 1866. Coin de Gatteaux, 1816.
Br. 36 mm. *FDC.* 4 »

1128 *Richelieu*, cardinal. Méd. ovale. Son buste, de
face. R⫿. CEST VHEG QVI EST LE PERE
DE LA IVSTE GLOIRE — MERITE BIEN
VNE ETERNELLE MEMOIRE. Pyramide
entourée de personnages (Dadler ?). 48 gr. *B.* 50 »

1129 — Son buste, à dr. R⫿. MENS SIDERA VO-
LVIT. Génie poussant les étoiles autour du
globe terrestre ; à l'exergue : 1631 (Warin).
Br. 50 mm. *B.* 25 »

1130 *Rigny (De)*, amiral. Bataille de Navarin, 1827. Br.
51 mm. *TB.* 3 50

1131 *Riquet, baron de Bonrepos*. Monument érigé à
Naurouse, 1825. Br. 42 mm. *FDC.* 2 50

1132 *Rochefoucauld (L.-A., duc de La)*. Sa mort, 1792.
Médaillon, cuivre repoussé. 52 mm. *TB.* 12 »

1132 bis. *Rochefoucauld (F. de La)*. Méd. de Caunois,
1827. Br. 41 mm. *FDC.* 3 50

1133 *Rohan (Ch. de), prince de Soubise*, maréchal de
France. Ses armes. R⫿. EX DONO PRINCI-
PIS. La ville de Lorient debout, tenant un
plan ; à l'ex. : ORIENTEA CIV. AVCTA
MDCCLXV. Br. 50 mm. *TB.* 15 »

1134 *Royer-Collard (P.-P.)*, député de la Marne. Méd.
de Tournier, 1830. Br. 42 mm. *FDC.* 3 50

1134 bis. *Ruzé, marquis d'Effiat (Ant.)*, maréchal de
France. Son buste, à dr. R⫿. QVIDQVID.
EST. IVSSVM. LEVE. EST. Hercule prenant
le globe à l'Atlas. Br. 65 mm. *TB.* 35 »

1135 *Sainte-Marthe (Scévole de)*, poète latin, né à Lou-
dun. Son buste, à dr. R⫿. DAT FLORES ET
FRUCTUS. Oranger. Méd. de Curé, 1718.
Br. 53 mm. *TB.* 10 »

1136 *Saint-Urbain (Ferd. de)*, graveur lorrain. Méd. de
Bellevoye. Br. 54 mm. *FDC.* 8 »

1137 *Sartine (G. de)*, lieut. gén. de police, né à Barcelonc. Éclairage de Paris, 1769. Étain. 32 mm.

B. 3 »

1138 *Savoie* (*Alb. de*), *prince de Carignan*. Prise du
Trocadéro, 1823. Br. 41 mm. *TB.* 3 50

1139 — Visite de la Monnaie de Paris, 1824. 41 mm.
TB. 3 »

1140 *Saxe* (*Maurice de*), maréchal de France. Son
buste, à g. R⁄. Son tombeau à Strasbourg.
Étain. 55 mm. *TB.* 5 »

1141 *Scorailles de Roussillon* (*Marie-Angélique de*), *du-
chesse de Fontanges*. FONTANGE FOEMI-
NINA. Mᵐᵉ de Fontanges debout. R⁄. FON-
TANGE MASCVLINA. Louis XIV en Action
debout. Méd. satyrique de Wermuth. 15 gr.
TB. 45 »

1142 *Seguier* (*P.*), garde des sceaux. Méd. de 1633, à
son buste. Br. 73 mm. *TB.* 15 »

1143 Le même, *duc de Villemort*, chancelier. Agneau
sur un livre posé sur une table, 1663. Br. 56
mm. Frappe moderne. *FDC.* 4 »

1144 *Sève* (*Alex. de*), seigneur de Châtillon-le-Roi,
d'Izy, etc., prévôt de Paris. Son buste, à dr.
R⁄. NEC DEVIAT VSQVAM. Vaisseau
voguant à g. (D'Affry 182). Br. 49 mm. *TB.* 20 »

1145 *Soumard* (*J.-C.*), seigneur de Crosses, maire de
Bourges, 1773. Les armes de la ville et buste
de Louis XV. Br. 42 mm. *TB.* 6 »

1146 *Stainville* (*Et., comte de*), grand bailli des Vosges,
maréchal au service de l'Empire et gouver-
neur gén. de la Transylvanie. Fondation de la
forteresse de Carlsburg, 1714. 70 gr. B. 50 »

1147 *Sturm* (*J.*), premier recteur de l'Académie de
Strasbourg. Méd. de Kirstein, 1838. Br.
50 mm. *FDC.* 6 »

1148 *Suffren* (*P. André de*), amiral. Méd. décernée
par les États de Provence, 1784. Br. 49 mm.
TB. 5 »

1149 *Talon (Omer)*, illustre magistrat, né à Saint-
Quentin. AVDOMARVS TALEVS IN SVPR.
PAR.CVRIA PATR. aet. 57. Son buste, à dr.
R⁄. Sous une palme et une branche de laurier,
la légende : HVNC MIHI VVLTVM FINGERE
IVSSIT PIGNVS AMORIS. N.GAB. IACQ. F.
CIƆIƆ CXV. Br. 46 mm.   *TB.*   200   »

1150 *Taslu (Amable, née Voïart)*, femme de lettres et
poète, née à Metz. Médaillon de David d'Angers, 1828 Br. 110 mm.   *TB.*   15   »

1151 *Théis (Constance de), princesse de Salm*, née à
Nantes. Médaillon de David d'Angers, 1829.
Br. 130 mm.   *TB.*   15   .

1152 — Le même, plus petit. Br. 45 mm.   *TB.*   10   »

1153 *Turenne (Henri de la Tour d'Auvergne, prince de)*,
maréchal de France. Son buste cuir., à dr.;
sur la tranche du bras : BERNARD. R⁄. NON.
LAVRI.MILLE.TVENTVR. Chêne dont les
branches portent des couronnes de lauriers et
des couronnes murales, frappé de la foudre; à
l'ex. : 1683. Br. 53 mm.   *TB.*   30   »

1154 Le même. Jolie méd. d'Hamerani. Son buste
cuirassé, à g. R⁄. La Vertu, l'Honneur et
l'Equité debout. Br. 51 mm.   *FDC.*   25   »

1155 *Valette (Henri Foix de la), duc de Candale*, pair de
France. Son buste cuir., à g. R⁄. Ses armes.
Br. 42 mm.   *TB.*   40   »

1156 *Varin (Jean)*, intendant général des bâtiments
et des Monnaies de France. Méd. de Dufour,
1684. Son buste, à dr. R⁄. La Peinture, la
Gravure en médailles et la Sculpture debout.
Br. 52 mm.   *TB.*   15   »

1157 — Méd. de Gatteaux, 1820. Br. 41 mm.   *TB.*   2 50

1158 *Varin (L.-A.)*, maire du 4ᵉ arrond. de Paris,
1855. Br. 57 mm.   *FDC.*   4   »

1159 *Vatimesnil (H. Lefebvre de)*, ministre de l'Instruction publique. Méd. offerte par les institu-

teurs primaires, lors de sa retraite en 1829.
Br. 50 mm.   *B.*   4   »

1160 *Viennet*, grand maître du Rite écossais, ancien
accepté, 1862 (Dubois). Br. 51 mm.   *FDC.*   8   »

1161 *Ville-sur-Illon, comte de Lacépède,* premier grand
chancelier de la Légion d'honneur. Méd.
1829. Br. 42 mm.   *FDC.*   4   »

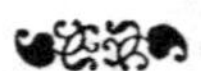

MÂCON, PROTAT FRÈRES, IMPRIMEURS

MACON, PROTAT FRÈRES, IMPRIMEURS